El Futuro Post-Covid Expuesto!

El Gran Reset, Reconstruir Mejor y el Colapso Económico Total

-

Agenda 2021 - 2030 - Control de la población - ¿Futuro globalista?

Rebel Press Media

Descargo de responsabilidad

Nuestros otros libros

Consulte nuestros otros libros para ver otras noticias no divulgadas, hechos expuestos y verdades desacreditadas, y mucho más.

Únase al exclusivo Círculo de Medios de Comunicación de Rebel Press.

Todos los viernes recibirás en tu bandeja de entrada nuevas actualizaciones sobre la realidad no denunciada.

Inscríbase hoy aquí:

https://campsite.bio/rebelpressmedia

Introducción

"La Autoridad pretende contratar un acuerdo marco para el almacenamiento temporal de cadáveres en caso de exceso de muertes para los 32 distritos de Londres y la ciudad de Londres, dirigido por el Ayuntamiento de Westminster. El acuerdo marco designará a un único proveedor y tendrá una duración de 4 años. Será un contrato de contingencia, al que sólo se recurrirá en caso de que se produzca una situación de exceso de muertes en el futuro y sea necesario aumentar la capacidad local de almacenamiento de cadáveres."

El 10 de junio, el gobierno del Reino Unido convocó una licitación para "instalaciones de almacenamiento temporal de cadáveres" en la zona de Londres, en caso de que se produzca un "número excesivo de muertes" en los próximos 6 meses a 4 años. Mucha gente se da cuenta ahora de que si esto va a suceder, aunque estas muertes se atribuyan a la variante Delta o a otra mutación de Covid, en realidad lo más probable es que sean víctimas de la vacuna.

Un lector con el que hablamos recientemente hizo la comparación con el período previo a la Segunda Guerra Mundial, cuando Winston Churchill, en preparación para la guerra (que por otra parte se ha demostrado que fue planeada por ambos bandos), ordenó cavar fosas comunes "por si" Londres era bombardeada. Cientos de ciudadanos británicos que querían publicar o criticar las pruebas de la conspiración bélica fueron

3

detenidos y encarcelados por Churchill sin juicio. ¿Se va a repetir la historia, sólo que esta vez con las vacunaciones masivas y sus opositores?

Mirando al futuro en 2020

En noviembre de 2020, el gobierno británico ya estaba "buscando urgentemente un programa de Inteligencia Artificial (IA) para manejar el alto número esperado de reacciones adversas graves (ADR) a la vacuna Covid-19". ADRs, Adverse Drug Reactions, lo habíamos traducido con "reacciones adversas graves", porque no significa efectos secundarios ordinarios. Las ADR incluyen muertes, enfermedades potencialmente mortales y discapacidades permanentes. Por lo tanto, una ADR siempre requiere hospitalización.

Las vacunas, que contienen ingredientes (ARNm / instrucciones genéticas para fabricar la proteína más peligrosa del coronavirus en tu propio cuerpo) que NUNCA podrás sacar de tu cuerpo, hacen exactamente lo que está estrictamente prohibido para la comida y la bebida. Y lo que es peor: el gobierno está ejerciendo una presión cada vez mayor sobre la población para que tome SÓLO esa vacuna, de la que, de nuevo (no podemos enfatizarlo lo suficiente), ya se sabe que causará un elevado número de bajas, incluyendo muertes.

'¿Cómo se llama a un gobierno que, a sabiendas, deliberada y activamente, pone en peligro el bienestar de su propio pueblo, que deliberadamente impone a su propia población algo que ya sabe de antemano que va a causar un gran número de enfermos y muertos?'

Cínicamente, podríamos llamarlo un gobierno con un enfoque particularmente "previsor". Como ahora en Inglaterra, donde quieren hacer sitio de antemano para un número obviamente esperado de cadáveres, causado por... ¿qué?

Este libro es una recopilación de nuestros artículos publicados anteriormente y nuevos artículos para exponer las vacunas con el contexto adecuado, en relación con temas como la despoblación y el control mundial por la élite globalista, si desea saber más sobre temas como el gran reinicio, le aconsejamos que lea nuestros otros libros también, y los comparta con todos sus seres queridos.

Queremos llegar al mayor número de personas posible, por eso seguimos publicando nuestros contenidos, para asegurarnos de que si un título es ignorado, el otro sigue recibiendo la atención que estos temas necesitan.

Si queremos ganar esta guerra contra la humanidad, tenemos que informar a todo el mundo sobre la realidad de lo que está ocurriendo ahora mismo.

Índice de contenidos

Capítulo 1: ¡¿Agosto 2021?!

El 9,5% de las personas mayores totalmente vacunadas aún "no están protegidas contra la muerte", según el gobierno del Reino Unido.

Un documento oficial del gobierno del Reino Unido (fechado el 31 de marzo) sobre la "Hoja de Ruta" tal y como se espera que sea en 2021, muestra que las personas mayores totalmente vacunadas, en particular, deberían preocuparse por la esperada "tercera ola de la corona" (que puede coincidir o no con la variante india "Delta"). En la página 18, en el punto 56, hay algo digno de mención, una afirmación inquietante que parece confirmar el escenario probable tal y como lo venimos esbozando desde la primavera de 2020.

'Esto muestra que la mayoría de las muertes e ingresos (hospitalarios) en un resurgimiento (de la corona (con un pico en agosto)) posterior a la Hoja de Ruta son personas que recibieron dos dosis de vacunas, incluso sin que la protección vacunal disminuya o una variante emergente escape a las vacunas. Esto se debe a que la administración de vacunas es muy elevada en los grupos de edad más altos. Por lo tanto, hay un 5% de los mayores de 50 años que no están vacunados, y un 95% x 10% = 9,5% de los mayores de 50 años que están vacunados pero que, sin embargo, no están protegidos contra la mortalidad. Esto no se debe a la ineficacia de las vacunas, sino a que la administración de las mismas es muy elevada". (énfasis añadido)

El 10% es la supuesta variación estacional de la transmisión (del virus). Se espera que esta variación estacional, causada por "la interacción entre la vacunación y la inmunidad inducida por la infección", haga que la tercera oleada sea (mucho) menor que la anterior, pero puede prolongar la (supuesta) "epidemia". También se supone que el 90% de la población estará vacunada hasta los 50 años.

Pero vuelva a leer esta frase: *"Esto no se debe a la ineficacia de las vacunas, sino a que la administración es muy elevada"*.

Las vacunas son "eficaces", pero como administramos tantas, el 9,5% de los vacunados mayores de 50 años siguen sin estar protegidos contra la muerte (por el coronavirus, sin incluir las mutaciones). Lo que el gobierno está diciendo con este tenebroso razonamiento es que "sólo porque vacunamos a tanta gente, estadísticamente morirán más personas vacunadas".

Pero un momento, vacunamos a TODAS esas personas para protegerlas de la mortalidad, ¿no? Entonces esa vacuna debería funcionar en TODAS esas personas, ¿no? ¿Quizás pueda mantener que la vacuna no funciona en el 0,1% o en el 1%, sino en casi el 10%? Compara eso con la IFR establecida por Covid-19 de sólo el 0,15%. Si te infectas, sólo tienes un 0,15% de posibilidades de morir por ello (similar a la gripe estacional). Así que, ¿por qué demonios se arriesgaría a que le inyectaran una "terapia" experimental de manipulación genética muy controvertida?

La vacunación amplia durante una pandemia era lo más estúpido que se podía hacer hasta 2020

Si se está a favor de la vacunación en absoluto, ¿quizás habría que decidir volver a lo que era la regla general hasta 2020, es decir, vacunar sólo a los grupos de alto riesgo? Numerosos virólogos e inmunólogos de renombre mundial, entre ellos el descubridor del VIH y premio Nobel Luc Montagnier, han advertido sobre la base de la historia que vacunar ampliamente a toda la población (incluida la sana) durante una epidemia o pandemia -exactamente lo que se ha hecho en todas partes desde finales del año pasado- es lo más estúpido y perjudicial que se puede hacer.

"Los modelos utilizados aquí parten de la base de que la eficacia de las vacunas sigue siendo alta, y no consideran que el impacto de las nuevas variantes sea motivo de preocupación" (punto 61). Luego, en el punto 63, esto ya se contradice. 'La lenta importación de nuevas variantes, como la B.1.351., son una prioridad muy importante para desarrollar la próxima generación de vacunas'. Dado que esto llevará "muchos meses", "las medidas para prevenir y gestionar el riesgo de importación, como la realización de pruebas a los individuos... y el mantenimiento de estrictas medidas de cuarentena para los que entren en el país siguen siendo importantes...

¿Otra prueba para la vacunación 100% obligatoria?

¿Es acaso este documento una advertencia encubierta de que el 9,5% de los ancianos totalmente vacunados "no están protegidos de la mortalidad" precisamente por la vacuna? ¿Se trata de explicar de antemano un número muy elevado de muertes por vacunación? ¿Es acaso esta la verdadera razón por la que el gobierno del Reino Unido está buscando lugares para almacenar un "número excesivo de muertes" en Londres durante los próximos 6 meses a 4 años? El 9,5% del 95% de los 26 millones de británicos mayores de 50 años = 24,7 millones = 2,35 millones de ancianos que podrían morir a pesar de sus vacunas.

No está escrito explícitamente, pero esta premisa allana otro trozo del camino hacia el temido escenario de intentar imponer la vacunación obligatoria al 100%, y culpar falsamente al escaso porcentaje no vacunado de esta ola de enfermedades y muertes que se avecina, y de las que vendrán después y que ya se anuncian.

Ya podemos adivinar los falsos mensajes propagandísticos de los políticos y medios de comunicación del sistema: 'Sólo si todo el mundo se vacuna se podrá detener esta tercera ola/variante, tus abuelos volverán a estar a salvo, no tendremos que anunciar nuevos encierros', etcétera. Se repetirá tan a menudo que el 90%, que no ha hecho ningún esfuerzo en los últimos dieciocho meses para hacer una investigación crítica por sí mismo, creerá ciegamente esta enésima corriente de tonterías demostrables.

En cualquier caso, el gobierno británico está trabajando cada vez más abiertamente hacia ese objetivo: "Es muy probable que se necesiten nuevas vacunas a medio plazo" (párrafo 64). 'Si la epidemia se agranda como lo hizo a principios del otoño de 2020, entonces es posible tener un escenario nacional controlado', junto con posibles medidas regionales y locales.

Un memorando falso predice un cierre permanente en unas semanas

Un supuesto memorando del gobierno británico indicaría que el país entrará en bloqueo permanente tan pronto como 3 semanas o en agosto porque -a pesar de las vacunaciones masivas- se espera una "tercera ola" con la variante Delta de la India principalmente. El documento, cuya autenticidad no puede confirmarse y que muy probablemente es falso*, habría sido redactado por el infame alarmista Dr. Neil M. Ferguson, desacreditado por sus modelos de pandemia completamente desacreditados del año pasado, en los que predijo al menos medio millón de muertes sólo en Gran Bretaña.

Capítulo 2: ¿Abandonar las vacunas?

"Gobierno noruego: Detener esta vacuna salva vidas - advierte la EMA: La vacuna AZ también puede causar fugas en los vasos sanguíneos y una presión arterial muy baja, con el peor caso de insuficiencia renal y hemorragia cerebral"

Noruega ha decidido deshacerse de sus existencias de vacunas de AstraZeneca en los países vecinos porque, estadísticamente, es más probable morir por esta vacuna que por Covid-19.

El FHI, la versión noruega de la OMS, llegó a esta decisión porque se ha demostrado que la vacuna AZ provoca graves complicaciones, como coágulos de sangre, hemorragias y un recuento de plaquetas demasiado bajo. El abandono de la vacuna ahora podría salvar a 10 personas que, de otro modo, habrían muerto a causa de los efectos secundarios. La vacuna AZ tiene una tasa de mortalidad de 2,3 por cada 100.000 en Noruega, según el FHI.

La autoridad también está en contra del suministro voluntario de la vacuna AZ, ya que se considera "poco ético" inyectar a personas "que no son plenamente conscientes del riesgo al que se exponen". Sin embargo, el suministro se da a los países vecinos (en la línea de "todas las vidas son iguales, pero las noruegas son más iguales que las suecas"...).

El 82% de los noruegos pensaba inicialmente que las vacunas Covid eran una buena idea, pero el 76% es ahora escéptico. El 99% no quiere inyectarse con AstraZeneca de todos modos; contra las "vacunas" de manipulación genética de Moderna (9%) y Pfizer (8%) hay (todavía) mucha menos desconfianza.

Científicos alemanes han descubierto que la vacuna de Johnson & Johnson conlleva el mismo riesgo de formación de coágulos que la de AstraZeneca. Mientras tanto, la EMA advierte de otro posible efecto secundario de la vacuna de AZ: El síndrome de fuga capilar, que provoca fugas en los vasos sanguíneos y una presión arterial muy baja. Esto puede provocar dolor, náuseas, fatiga y, en el peor de los casos, insuficiencia renal y hemorragia cerebral.

No queremos preocupar a nadie, sino a los que todavía piensan "me he vacunado y no tengo nada de qué preocuparme": los daños de la vacuna pueden producirse inmediatamente, al cabo de unos días o semanas, pero también después de varios meses o incluso años. En este sentido es como el cáncer: puede desarrollarse a la velocidad del rayo, pero también muy lentamente.

Capítulo 3: ¿Muertes por vacunas no declaradas?

En poco más de un mes, casi 4.000 muertes más - Los abortos espontáneos después de la vacunación en Gran Bretaña aumentan un 630% (relativamente hasta un 3300%)

El número de muertes inducidas por la vacuna Covid-19 en la UE había aumentado a 15.472 hasta el 19 de junio. Casi 600.000 personas sufrieron consecuencias graves, como enfermedades autoinmunes, discapacidades (como sordera y ceguera), problemas cardíacos, renales y hepáticos, y trastornos del sistema nervioso y de los músculos y los huesos. Más de un millón y medio de personas sufrieron efectos secundarios más leves, pero no permanentes. Las vacunas también tienen otras consecuencias dolorosas: en Gran Bretaña, el número de abortos espontáneos tras la vacunación aumentó un 630%, y relativamente hasta un 3300%.

Las cifras oficiales de la EMA llevan mostrando todo el año que las vacunas Covid-19 tienen una tasa de bajas extremadamente alta en todas partes, más que todas las demás vacunas de los últimos 10 años juntas. A pesar de ello, la gente sigue deseando que le introduzcan en el brazo esta aguja que es, con diferencia, la más peligrosa. ¿Por qué? Porque así se libran de las "molestias" de sus jefes o familiares y pueden volver a ser "libres". Al menos, ese es el pensamiento, porque así lo promueven los medios de comunicación y los políticos.

En poco más de un mes, casi 4.000 muertes más y 284.000 casos más graves

Desde nuestro último libro, publicado en junio, el número de muertes por vacunación ha aumentado en 3953, y el número de personas con secuelas graves (/ permanentes) en 284.187, casi el doble.

Y esto para luchar supuestamente contra un virus que, incluso medido numéricamente a lo largo de dos temporadas, sigue siendo comparable a una gripe sólida, y para los septuagenarios incluso a una gripe leve. (El promedio de IFR de Covid sigue siendo sólo del 0,15%, según el mejor inmunólogo del mundo y consultor de la OMS, el profesor John Ioannidis. Para los septuagenarios, es del 0,05%, el ENS de una gripe normal).

La vacuna Moderna es la más peligrosa, con un 8,41% de muertes por informe, seguida de Johnson & Johnson (4,8%), Pfizer (3,11%) y AstraZeneca (1,15%). La vacuna de Johnson produce el mayor número de efectos adversos (3,0 por informe), seguida de AstraZeneca (2,7), Moderna (2,5) y Pfizer (2,3). Las vacunas de Moderna (55,91%) y AstraZeneca (55,32%) son las que producen los síntomas más graves. Le siguen Pfizer, con un 41,96%, y Johnson, con un 33,77%.

A pesar de la creencia sectaria en la "ciencia", cada vez hay más intromisión

La mayoría de los informes proceden de los Países Bajos (13,7%), seguidos de Italia (12%) y Francia (8,6%). Sin embargo, es muy posible que el registro en los Países Bajos sea mejor y más preciso que en otros países, y que muchas víctimas de las vacunas allí no acaben en las estadísticas. No obstante, sabemos por fuentes directas que incluso en los Países Bajos hay médicos que, sin haber realizado ninguna investigación, son capaces de decir inmediatamente a las personas que informan de efectos secundarios por teléfono que "no es posible que se deban a su vacunación".

Hablando de una creencia ciega y sectaria en la "ciencia" - ¡o en lo que debería pasar por ciencia hoy en día! Sin embargo, también es posible que estos médicos simplemente tengan demasiado miedo de las consecuencias para su posición y su carrera si informan o registran las consecuencias (graves) de las vacunas como tales, y por lo tanto optan por "poner su dinero donde está su boca".

Sólo entre el 1% y el 13% acaban en las estadísticas

Las autoridades estadounidenses admitieron ya en 2011 que sólo se informa a la FDA de entre el 1% y el 13% del número de víctimas de las vacunas. Si aplicamos estas cifras a Europa, entonces en realidad estarían afectados entre 10 y 100 veces más civiles de los que se declaran en estas estadísticas, es decir, entre 6 y 60 millones, sin incluir más de 15.000 muertos, pero al menos 150.000. (1)

Además, estas son sólo las personas para las que se puede demostrar una relación directa, mientras que se sabe científicamente que muchas personas sólo experimentan efectos adversos para la salud después de varios meses, o incluso años. Entonces ya no se puede demostrar directamente una relación causal.

Los abortos espontáneos en Gran Bretaña aumentaron un 630%.

Las vacunas también tienen otras consecuencias dolorosas: en Gran Bretaña el número de abortos espontáneos después de la vacunación ha aumentado un 630%, y en términos relativos hasta un 3300%. Ya son 200 las mujeres embarazadas que han perdido a su hijo no nacido poco después de la inyección de manipulación genética Covid; 3 mujeres no sobrevivieron a ella.

Las mujeres que pierden a su hijo no nacido después de la vacunación pueden responsabilizar directamente a sus proveedores de atención médica, ya que el prospecto y las instrucciones de cuidado de, por ejemplo, la "vacuna" de Pfizer, indican explícitamente que la inyección no debe administrarse a mujeres embarazadas, y que las mujeres que quieran quedarse

embarazadas deben esperar al menos dos meses
después de su vacunación para hacerlo.

Al igual que en la India, Chile, Taiwán y las Seychelles, el
número de muertes también se ha disparado en EE.UU.
y Gran Bretaña tras el inicio de la campaña de
vacunación masiva contra el Covid-19. En menos de 5
meses, ha habido más muertes oficiales por vacunas en
los EE.UU. que en los últimos 10 años (¡!). Según el
sistema de registro VAERS -que históricamente sólo
registra entre el 1% y un máximo del 10% del número
real de casos-, más de 1750 personas murieron a causa
de las vacunas en los primeros 3 meses. En la
actualidad, esa cifra asciende a 5997. Sólo en la última
semana, 700 personas murieron tras ser vacunadas
contra el Covid-19.

Ya son 19.597 las personas hospitalizadas tras ser
vacunadas. 15.052 personas tuvieron una reacción
alérgica grave. Otras 43.891 personas necesitaron
atención médica de urgencia. 2190 personas sufrieron
un ataque al corazón, 1564 tuvieron trombosis /
coágulos de sangre / un nivel demasiado bajo de
plaquetas, 652 mujeres sufrieron un aborto espontáneo
y 4583 personas quedaron discapacitadas.

**Más de 2 veces más muertes entre las personas
vacunadas**

En Gran Bretaña también se está produciendo una
"masacre del horror vacunal". Las cifras (Public Health

England / UK National Health Service) son asombrosas: el número de muertes entre las personas vacunadas es el doble en términos porcentuales que entre las personas no vacunadas.

De los 19.573 no vacunados que habrían recibido la variante "delta" -que los medios de comunicación dominantes vuelven a explotar, por supuesto, para otra campaña de terror del miedo- murieron 23 personas (= tasa de mortalidad del 0,00117%), incluyendo la categoría "no vinculada" (4289 casos, lo que eleva la tasa de mortalidad al 0,00096%).

De los 9344 vacunados que recibieron la mutación delta, 19 murieron (= tasa de mortalidad del 0,00246%), más del doble que los no vacunados, y más de 2,5 veces si se incluyen también los casos "no vinculados". 7 de los 19 vacunados fallecidos murieron tras 21 días o más después de su primera inyección, y 12 de ellos murieron 14 días o más después de su segunda inyección, lo que implica directamente a la vacuna como causa directa.

Las advertencias de los expertos fueron ignoradas

La tendencia confirma las advertencias de numerosos científicos y expertos, como el profesor Pierre Capel, que lleva advirtiendo desde el otoño de 2020 que iba a ocurrir exactamente lo que ahora se ve en cada vez más países: las personas vacunadas que se infectan posteriormente con el virus o con una mutación tienen muchas más probabilidades que las no vacunadas de contraer ADE (Aumento Dependiente de Anticuerpos), una consecuente enfermedad grave o incluso la muerte.

Célebres científicos como el descubridor del VIH y premio Nobel Luc Montagnier, y en Europa, el profesor Schetters, han machacado en vano el hecho de que hasta 2020 era un hecho científico indiscutible que vacunar durante una pandemia es lo más estúpido que se puede hacer, porque se crean mutaciones potencialmente peligrosas, lo que a su vez aumenta el número de enfermos y muertos.

Sin embargo, la política nunca pareció estar relacionada con la salud o la seguridad, sino con inyectar a todo el mundo de la forma más forzada posible con organismos experimentales modificados genéticamente / terapia genética, como parte de la agenda tecnocrática de control totalitario transhumano que ahora se está imponiendo a la población mundial bajo varios nombres (Great Reset, Agenda-2030, Build Back Better, Green New Deal).

Las empresas estadounidenses cuentan con la pérdida de MUCHOS de sus empleados vacunados

El presentador de radio estadounidense Hal Turner ha publicado un vídeo para suscriptores que pretende demostrar que las empresas estadounidenses cuentan con perder a la mitad de sus empleados vacunados por una vacuna Covid-19 (muertos o discapacitados). Esta información no puede ser verificada en este momento.

Capítulo 4: ¿Prueba de planificación?

La posible reacción de las partes implicadas es totalmente previsible: "Coincidencia".

Un Acuerdo Confidencial entre los Institutos Nacionales de Alergias y Enfermedades Infecciosas de Estados Unidos (NIAID) y el fabricante de vacunas Moderna mostraría que ya el 12 de diciembre de 2019 se acordó transferir "potenciales candidatos a vacunas contra el coronavirus" a la Universidad de Carolina del Norte. Eso fue 19 días ANTES del primer reporte de un nuevo virus en Wuhan, China. Si este documento es auténtico, es otro fuerte indicio de que efectivamente estamos ante una pandemia planificada, o plandemia. La siguiente pregunta que surge es: ¿son entonces estas partes también los agentes causales del "brote" de coronavirus?

El documento fue firmado por Ralph Baric (PhD) de la Universidad de Carolina del Norte (Chapel Hill) el 12 de diciembre de 2019. Baric apareció más tarde en algunos medios de comunicación como el "experto en coronavirus de la UNC".

El otro firmante es Jacqueline Quay, Directora de Apoyo a la Licencia y la Innovación de la misma universidad. Su firma está fechada el 16 de diciembre de 2019. Hasta 2009, Quay fue directora de Propiedad Intelectual del Instituto de Vacunas Humanas de Duke y del Centro de

Inmunología de Vacunas contra el VIH-SIDA (CHAVI) allí ubicado.

En nombre del proveedor de los candidatos a vacunas contra el coronavirus de ARNm, Barney Graham MD (PhD) también firmó el documento. Graham es un "investigador" del NIAID. Una firma electrónica, fechada el 12 de diciembre, es de Amy F. Petrik, especialista en transferencia de tecnología. Por último, está el garabato del investigador de Moderna Sunny Himansu (PhD). Todo ello fue aprobado por el abogado Shaun Ryan, consejero general adjunto de Moderna.

¿Cómo sabían los Estados Unidos y Moderna sobre el coronavirus con casi 3 semanas de antelación?

Así que todas estas personas sabían mucho antes de que hubiera un brote en China que se necesitaría una vacuna contra el coronavirus de ARNm, y que había que elegir al mejor candidato. ¿Cómo podían saberlo tanto las autoridades médicas estadounidenses como Moderna? No fue hasta el 31 de diciembre cuando se produjo el primer pequeño informe de un nuevo virus en Wuhan. La cronología de la OMS indica claramente que hasta esa fecha no había surgido "una nueva neumonía vírica" en Wuhan.

Turner se pregunta en voz alta si no ha llegado el momento de investigar a fondo los verdaderos agentes causantes de la p(l)andemia de la corona. Pero, ¿qué hacer cuando los propios (co)culpables (el gobierno de

Estados Unidos) comienzan a realizar esa investigación? El director del NIAID es un tal Dr. Anthony Fauci, que parece no haber dicho más que mentiras en el último año, y cuya relación directa con la investigación sobre el coronavirus de "ganancia de función" en Wuhan ha quedado demostrada (1). ¿Se puede confiar en cualquier investigación oficial en el año 2021?

Evento 201 previsto 65 millones de muertes

Este conocimiento previo del coronavirus es, por supuesto, fácil de explicar a la luz del ahora infame Evento 201 en octubre de 2019, cuando se llevaron a cabo extensos ensayos con varias agencias y gobiernos para un "posible" brote global con un coronavirus, que está "planeado" para matar a 65 millones de personas. Durante el Evento 201, se describió el escenario que se sigue exactamente desde 2020. Ahora estamos en la fase "intermedia", en la que parece que el virus está desapareciendo. Sin embargo, a esto le seguirá un doble retorno (presumiblemente en otoño/invierno), del que, según el escenario, "deben" morir decenas de millones.

La eventual reacción de las partes implicadas y de los medios de comunicación ante este documento es totalmente previsible:

'Sí, llevábamos años trabajando en una vacuna contra el coronavirus. Es pura coincidencia que este documento se firmara tan poco antes del brote''.

Realmente ya no tengo esperanzas de que la gente despierte por fin a lo que realmente está pasando. La actitud de la mayoría de la gente es ahora tan dócil e ingenua que si el gobierno y los medios de comunicación les dicen que el cielo no es azul sino rosa, se lo tomarán al pie de la letra. Sin embargo, el precio que habrá que pagar en los próximos años por esta actitud desinteresada, indiferente e insignificante podría ser altísimo.

Capítulo 5: ¿Asesinato en masa?

Todo lo que el gobierno y sus científicos nos han dicho durante el último año y medio, ya sea sobre los cierres, las infecciones, las mascarillas, las muertes o las mutaciones, son mentiras descaradas" - "¿Las posibilidades de que las personas vacunadas salgan indemnes de esto? CERO" - "Si quieres matar a miles de millones de personas en el transcurso de meses o años y tener una 'negación plausible', esta es LA manera

El Dr. Mike Yeadon, ex-vicepresidente y CSO de Investigación de Alergia y Respiratoria en Pfizer, como inmunólogo de alto nivel, ha sido uno de los más abiertos opositores a la vacunación masiva contra la corona en el último año. Dice que la gente "no tiene que tener miedo de este virus, pero sí de su propio gobierno. Porque todo lo que se les ha dicho sobre los cierres, las infecciones, las mascarillas o las mutaciones han sido auténticas mentiras". Ya advirtió que las vacunas de ARNm son potenciales armas biológicas. Si quisieras acabar con la población mundial (sin poder ser culpado directamente), esta es la manera". No se retracta ni una palabra de eso.

En una entrevista con The Highwire, Yeadon dice que le pareció muy sospechoso cuando se declaró el bloqueo en marzo de 2020, y que se quedó francamente sorprendido cuando el gobierno decidió prolongar ese bloqueo, a pesar de que las cifras de morbilidad y mortalidad no lo justificaban en absoluto. Fue entonces cuando supe que había algo increíblemente malo. La gente no debería tener miedo de este virus. Todo lo que el gobierno y sus científicos nos han estado diciendo durante el último año y medio son mentiras. No es sólo una opinión, sino un hecho. Están diciendo deliberadamente falsedades, y nosotros las llamamos mentiras".

'Propósito: hacernos madurar las vacunas, lo que es un delito muy grave'

'El objetivo era hacernos madurar las vacunas... Creo que se está cometiendo un delito muy grave'. Yeadon señala al asesor de la OMS y principal inmunólogo del mundo, John Ioannidis, quien confirmó el año pasado que 'esta pandemia de corona es comparable en todos los sentidos a una gripe estacional sólida, y no peor. Así que el mejor epidemiólogo del mundo juzga que es sólo un poco peor que una gripe típica'.

Pero el gobierno y todos los responsables políticos están dando la impresión de que este virus no tiene precedentes (es peligroso), lo que simplemente no es cierto. Lo que me enfada especialmente es que se están negando buenos medicamentos (HCQ, Ivermectina, etc.) a la gente. Dicen que no hay tratamientos, y eso definitivamente no es cierto". Numerosos médicos y científicos de todo el mundo han demostrado que estos medicamentos son realmente excelentes contra el Covid-19 (en varias fases). Si estos medicamentos hubieran estado disponibles, nos habríamos librado de él en unos meses'.

La prueba PCR, falsamente utilizada, es totalmente poco fiable para este fin

Yeadon también apunta de nuevo a la prueba PCR, que desde hace tiempo se sabe que es totalmente inadecuada para demostrar la infección por el virus, como ya dijo su inventor (y premio Nobel) en 2019, y que incluso fue reconocido por Marion Koopmans a finales del año pasado. Además, esta prueba de PCR tampoco se utiliza según el estándar científico. Se utilizan tantos ciclos (40-45, mientras que 20-25 veces es el máximo absoluto), que los resultados de la prueba son completamente poco fiables (95% de falsos positivos), y cada residuo de cualquier virus -incluido un resfriado común- da un resultado "positivo".

Según el ex vicepresidente de Pfizer, esto se hizo intencionadamente para poder "demostrar" el mayor número posible de infecciones (falsas), con el fin de justificar las medidas de bloqueo. Además, la prueba PCR nunca muestra si alguien está enfermo o es infeccioso (contagia a otros) de todos modos. (Las tasas de infección que aparecen en los distintos cuadros de mando de Corona eran y son por tanto totalmente falsas).

Las personas sin síntomas NUNCA son contagiosas".

A esto le siguió otra mentira de cristal, a saber, que las personas sin síntomas podían ser contagiosas. Sabía que esto no era cierto. Esta es mi experiencia. Este ha sido mi trabajo durante 40 años. Saben que tengo razón. Sólo las personas con muchas partículas de virus en las vías respiratorias son contagiosas. Sin embargo, esos siempre tendrán síntomas. Eso no se discute. Por lo tanto, las personas sin síntomas tienen pocas partículas de virus y, por lo tanto, no pueden infectar a otros. Hay mucha literatura al respecto". Incluso Anthony "mentiroso" Fauci lo admitió literalmente en febrero de 2020.

'Acuso a los asesores y a los ministros de asesinato en masa'

A lo largo del año llegué a la conclusión -y es una afirmación difícil- de que literalmente todo lo que el gobierno y sus expertos te dicen es mentira. Sí, murieron personas, presumiblemente decenas de miles. Pero probablemente podrían haberse salvado. Así que acuso a los asesores científicos y a los ministros del gobierno de asesinato en masa. Quiero verlos en el banquillo de los acusados".

'Para aquellos que creen que el gobierno les ha dicho la verdad, este es un gran punto de inflexión. Me doy cuenta de que es un gran shock'.

Los medios de comunicación son "unos mentirosos horribles", porque el riesgo de contagio es nulo

Señala un estudio científico que demostró que las personas con una prueba de PCR positiva pero sin síntomas sólo tienen un máximo del 0,7% de posibilidades de infectar a alguien en su propia casa. Así que el riesgo de infección era y sigue siendo cero.

'También culpo a los medios de comunicación, ¡qué horribles mentirosos son! Están dañando su propia sociedad y sus vidas, incluso las de sus hijos. Durante meses nos han mentido diciendo que se puede transmitir este virus a otros sin que se note. Eso es una mentira descarada, y simplemente imposible".

Otra gran mentira: las mascarillas, que todo el mundo tiene que llevar. Si no tienes ningún síntoma, una mascarilla facial es una tontería de todos modos, "pero absolutamente perjudicial" para tu salud. Entonces, ¿qué hacen las mascarillas? Mantener vivo el miedo deliberadamente sembrado entre la gente y alimentarlo. Esa es la razón principal: asustar a la gente hasta la muerte. Eso encaja con las otras mentiras que te cuentan'.

Los encierros no han supuesto ninguna diferencia, los contagios se producen en las instituciones

Los encierros, que restringen todo contacto humano, nunca funcionan y son inútiles. En una epidemia de virus respiratorios, sólo se trata del número de contactos infecciosos, es decir, de personas con síntomas de enfermedad que pueden contagiar a otras. Pero sabemos cómo hacer frente a eso desde tiempos inmemoriales: ¡quedarse en casa! Y se limita el número de contactos automáticamente, porque uno está enfermo y/o tiene fiebre. Las pocas personas que se ponen muy, muy enfermas acaban en el hospital.

Y por eso el cierre de empresas y demás no ha supuesto ninguna diferencia. No es ahí donde se produjeron las infecciones. ¿Dónde se produjeron? En los lugares donde hay mucha gente con síntomas, y al mismo tiempo mucha gente susceptible: ¡los hospitales! ¿Y qué piensa usted? Allí se produjeron muchas infecciones, al igual que en las residencias de ancianos. En las familias mucho menos, porque ya existía mucha inmunidad, y los niños no pueden contagiar el virus".

Creo que el 90% de las infecciones se produjeron en esas instituciones. Lo mismo ocurrió con el SARS-1 en 2003, y con el MERS en 2012. Además, el SARS-CoV-2 es una enfermedad que se produce principalmente en las instituciones. Así que su gobierno le mintió. Los cierres nunca podrían haber funcionado, porque las infecciones se produjeron en instituciones, no en la sociedad".

Las variantes y mutaciones difieren como máximo en un 0,3%, todos los humanos son inmunes a ella

'Así que esa es toda una lista de mentiras que nos han contado, desde la exageración de las tasas de mortalidad hasta las afirmaciones de que no hay tratamientos. Ah, sí, y otra más: que se trata de un virus 'novedoso' (nuevo), por lo que nadie tiene inmunidad. El mundo entero se aterrorizó. Luego investigué y vi que este virus es un 80% similar al SARS-1 (2003), y un 60% similar a un resfriado común por coronavirus. Así que pensé: bien, nada de qué preocuparse. La inmunología es mi fuerte, y por eso DESEO que mucha gente tenga ya una inmunidad muy fuerte (células T y anticuerpos)".

Los asesores científicos de nuestros gobiernos también lo saben. Uno de los asesores oficiales británicos, el sr. Patrick Vallance (el Jaap van Dissel británico), es incluso un antiguo colega de Yeadon. Tuvimos los mismos libros de texto y la misma formación. Estoy seguro de que él sabe lo que yo sé, y que cuando esto termine, confirmará todos mis puntos, porque son científicamente muy claros. Desgraciadamente, él y otros asesores han mentido repetidamente de forma descarada, y eso es para asustar a la gente".

'Ahora la siguiente mentira, la de 2021: las variantes (mutaciones)'. La gente recibe términos como la variante 'brasileña' o 'india' o 'delta' que 'son realmente muy diferentes, de lo contrario el gobierno y los medios de comunicación no dirían nada al respecto, ¿verdad? Pero lo he analizado detenidamente. La variante que más se diferencia de la de Wuhan sólo difiere en un 0,3%. En otras palabras, es un 99,7% igual, o más. Así que es imposible que estas variantes puedan evadir la inmunidad humana. Imposible. Lo que te dicen sobre esto son mentiras".

Me avergüenzo de los científicos que apoyan estas mentiras".

Yeadon dice que se avergüenza de la parte de los científicos que siguen vendiendo y apoyando todas estas mentiras con estudios e informes manipulados. 'No hay duda de que una variante que difiere sólo en un 0,3% no causa síntomas de enfermedad en nadie (con inmunidad). Imposible! Como científico, es muy frustrante escuchar cómo los ministros y asesores hablan a los medios de comunicación sobre las variantes. Mienten hasta la saciedad! Porque entiendo cómo funciona esto. Tanto teórica como empíricamente, esto no es posible. No son lo suficientemente diferentes como para preocuparse".

Señala un estudio científico (publicado en bioRXiv, del Laboratorio Cold Spring Harbor) que descubrió que las células T humanas responden a las variantes de ALL. Los científicos que se atrevieron a publicarlo "son héroes nacionales. Su investigación me dijo lo que necesitaba saber para decirles esto ahora'.

Es absurdo que los medios de comunicación no permitan una voz crítica".

El entrevistador Del Bigtree le pregunta por qué ninguno de los responsables políticos le escucha. Yeadon responde que no es el único, que él y otros científicos, médicos y expertos empezaron a escribir

33

artículos y a investigar, y a intentar salir en la televisión con sus visiones y conclusiones para reflejar un punto de vista diferente. Pero ninguna emisora quiere que hablen científicos críticos como él. Es realmente absurdo.

¿Cómo pueden seguir durmiendo los científicos implicados en esto?

No entiendo cómo los científicos implicados pueden seguir durmiendo por la noche... Cuando miro estas "vacunas" basadas en genes como toxicólogo, todas contienen un código genético para la proteína de la espiga del virus. Me tomó 5 minutos encontrar 3 estudios. Un estudio dice que la proteína spike causa coágulos de sangre; otro que puede causar una tormenta de citoquinas'.

Recuerdo que me llené de horror cuando lo leí. ¿Así que ponen algo en estas vacunas que hace que los cuerpos de las personas hagan (innumerables) copias de esta proteína de punta? Eso no puede existir, ¿verdad? Porque esto hace que se produzcan toxinas (tóxicos) en su propio cuerpo! Durante unos días pensé que tal vez habían cambiado la proteína spike para que ya no fuera dañina, pero luego me di cuenta de que no lo habían hecho'.

Como toxicólogo, sabía que la gente iba a morir".

El antiguo directivo de Pfizer cita entonces al Dr. Sucharit Bhakdi, un investigador galardonado de gran prestigio con más de 300 publicaciones en inmunología y virología. En noviembre tuve una larga conversación telefónica con él. Por desgracia, ambos llegamos a la misma conclusión: TODAS estas vacunas hacen que el cuerpo produzca esta proteína en forma de pico, y es imposible que estas sustancias se queden sólo en el lugar de la inyección (lo que han afirmado durante meses el gobierno, los fabricantes y los medios de comunicación, pero que ha resultado ser una mentira demostrable)".

Así que estábamos seguros de que algunas personas tendrían coágulos". Junto con Bhakdi, entre otros, y otro renombrado experto crítico, el Dr. Wolfgang Wodarg, como 'Médicos por la Ética de Covid' presentaron sin éxito varias cartas abiertas y peticiones a la EMA en Ámsterdam para detener estas vacunas. Como toxicólogo, sabía que iba a morir gente por culpa de esto, lo que me disgustó mucho".

'NO se ha investigado lo que este producto químico no natural hace en su cuerpo'

Todas las publicaciones científicas de los últimos 10 años muestran que el ARNm estaba lejos de estar listo para ser utilizado en masa en vacunas (de terapia génica) para humanos. Numerosos problemas estaban y ESTÁN todavía sin resolver.

Lo que voy a contarle mucha gente no lo sabe todavía. Cuando se administran estas 'vacunas' basadas en genes, se está introduciendo en el cuerpo un agente químico extraño, modificado y no natural. Deberían haber hecho estudios toxicológicos al respecto, ¡pero nadie lo hizo! Así que no podía creer que las agencias siguieran dando su aprobación para realizar pruebas en decenas de miles de personas. ¡Ni siquiera tenían los fundamentos en su lugar! Entonces, ¿cómo podían saber que esas sustancias químicas no serían tóxicas?".

Como farmacólogo, quiero saber qué hace un medicamento en el cuerpo de un ser humano o un animal, a dónde va en el cuerpo y cuánto tiempo permanece activo. Los fabricantes de vacunas NO están obligados a realizar esta investigación. Así que NO han estudiado dónde va la vacuna/proteína de la espiga en el cuerpo una vez que se inyecta, qué cantidad entra en el cuerpo y cuánto tiempo permanece allí. Casi se me saltan las lágrimas cuando leí ese archivo, porque no tienen ni idea de lo que va a pasar".

'Las posibilidades de que los vacunados salgan indemnes de esto son nulas'

Pero puedo decirte esto: la madre naturaleza nunca es tan amable cuando introduces algo nuevo, cuando inyectas una nueva sustancia química en un ser humano, y no has investigado dónde va a ir y qué va a hacer. ¿Las posibilidades de que salgas indemne de esto? CERO. Simplemente no va a suceder". En otras palabras: CUALQUIER persona vacunada va a experimentar daños en su salud por esto tarde o temprano.

Estas son las vacunas más peligrosas de la historia. Recuerden que normalmente soy muy positivo sobre los nuevos desarrollos de vacunas, me he pasado la vida trabajando en ellas. Pero también estoy muy a favor de la seguridad'. El (supuesto) funcionamiento de estas nuevas vacunas de ARNm contiene no menos de 5 pasos. Durante cada paso, algo puede y saldrá mal. Algunas personas sólo experimentarán daños leves, otras muy graves.

Durante su propia época en Pfizer, el ARNm ya resultó muy difícil de trabajar. La idea de que en sólo 10 años esto será lo suficientemente seguro como para ser utilizado en humanos es imposible. Simplemente no funciona así". (Recientemente, en 2019, los científicos de las principales universidades de Estados Unidos concluyeron colectivamente que pasarían muchos años antes de que se pudiera establecer que el ARNm (vacunas/terapia) es lo suficientemente seguro como para inyectarlo en las personas).

A continuación, se discute un estudio reciente realizado por científicos especializados en sistemas que pretendía demostrar que las vacunas no suponen ningún peligro para las mujeres embarazadas. Yeadon explica, utilizando las estadísticas de ese estudio, que las conclusiones son erróneas y que existe un peligro, ciertamente no mucho, pero ciertamente no cero, según él. Califica de "imprudente" lo que se está haciendo ahora, es decir, investigar las posibles consecuencias DESPUÉS de que la gente haya sido vacunada.

Los EDA pueden provocar un gran número de muertes".

Lo mismo ocurre con las vacunas Covid en general. 'Hemos inyectado a personas sanas algo que puede perjudicarlas (como crear coágulos de sangre)'. También se ha descubierto que muchas personas son alérgicas al adyuvante PEC de las vacunas. ¿Y sabes qué? En el primer día de vacunación en mi país (Gran Bretaña), dos cuidadores sufrieron un shock anafiláctico. Según su sistema VAERS, miles y miles de personas han tenido ya esa reacción anafiláctica. Y todavía sigue ocurriendo".

Hasta ahora, los mentirosos se han equivocado siempre. Pero me temo que el final aún no está a la vista. Ya se ha mencionado el ADE (Antibody Dependent Enchancement). Si eso ocurre, podría ser catastrófico, y conducir literalmente a un gran número de muertes. Algunos médicos ya lo predicen, y yo estoy tan preocupado como ellos. Pero no puedo evaluar la probabilidad de que esto ocurra".

"Todas estas mentiras son, como mínimo, una prueba fehaciente de la cooperación internacional

El 75% - 80% de la población se vacuna, 'pero no se sabe nada en absoluto sobre la seguridad a largo plazo. ¿Y qué pasa cuando las cosas van mal? Empiezas a preguntarte si alguien está tratando de matar a un gran número de personas. Todas las mentiras que se dicen parecen indicar esto".

'En 2018 o 2015 nunca habríamos hecho todas estas cosas. Todo fue concebido a la vez y difundido por todo el mundo en 2020. TODOS los gobiernos comenzaron a difundir las mismas mentiras al mismo tiempo. Si alguien puede explicarme aún entonces que todo esto es una coincidencia? Vamos. Como mínimo, esto es una prueba fehaciente de la cooperación internacional, a nivel supranacional. Así que en febrero (2020) ya había un plan para engañaros".

Si tu gobierno hace algo estúpido e ilegal, tienes dos opciones".

Yo le digo a la gente: si tu gobierno hace algo que es a) estúpido, y b) ilegal, tienes dos opciones. Una: seguir la corriente, o dos: levantarse y luchar contra ello. Y es tan estúpido! Supongamos que estoy vacunado, entonces no necesito saber si tú o alguien más está vacunado también, ¿verdad? Estoy protegido, ¿no? Si me contagiara el virus, se destruiría, ¿no?

'Entonces, ¿por qué tienes que mostrar un pasaporte de vacunas? ¿Quién quiere eso? La gente que quiere que tomes esa vacuna es gente como (Tony) Blair, Bill Gates y otros. Blair dimitió con un escándalo, es un criminal de guerra, y creo que ha seguido siéndolo. Él es un político, yo soy un científico. Estoy absolutamente convencido de que nadie se beneficiará de estos pasaportes de vacunas... Es alucinante que los medios de comunicación ni siquiera se pregunten sobre esto, porque si lo hicieran, se darían cuenta de que no funciona, de que es una idea estúpida".

Pero, ¿qué ocurre mientras tanto? En todas partes se está presionando a la gente, indirectamente forzándola, para que se vacune, incluso en los Países Bajos. Eso es coerción, y no está permitido obligar a la gente a someterse a un procedimiento médico, y menos a uno experimental. Eso está explícitamente prohibido en el Código de Nuremberg y en el derecho internacional, que ha sido firmado por todos los países. Pero aún así lo hacen".

Los pasaportes digitales de las vacunas dan al gobierno un control total sobre ti".

'Así que lo que digo es: ¡no tomes las vacunas de Covid-19! Y en cuanto a los pasaportes de vacunas, no se me ocurre nada en mis 61 años de edad que sea más importante que evitar que este sistema llegue a existir. Porque si nos dejamos engañar y pensamos que tenemos que tener una de esas aplicaciones en nuestro teléfono para demostrar que te has vacunado, entonces se creará el primer DNI digital global general, se acabarán las fronteras y podrán detenerte por hacer cualquier cosa (o llegar a cualquier sitio)".

Si este sistema entra en vigor, cualquiera que posea esta base de datos tendrá un control total sobre ti. Entonces podrán prohibirte subir a los aviones, a las tiendas o a las gasolineras. Tendrán un control total sobre ti, y si creen que no debes hacer algo, te lo impedirán, y no hay nada que puedas hacer al respecto. Porque todo el mundo a tu alrededor participa, y no tienes elección".

Todo el propósito de esta pandemia, las mentiras y las vacunas es conseguir que te pongas esta identificación digital. Una vez que este sistema esté en funcionamiento, te obligarán a ponerte "vacunas de refuerzo" (nuevas vacunas) con mentiras sobre las mutaciones. NO las necesitas; me aterrorizan estas "vacunas de refuerzo". Estas no son vacunas. Ya se están fabricando miles de millones de dosis".

¿Qué pasará entonces? Pues que recibirás un mensaje en tu smartphone diciéndote que vayas a ponerte tal o cual vacuna en dos semanas. ¿No lo haces? Entonces tu pasaporte de vacunación caducará, y con él, tu tarjeta de pago para entrar en una tienda o gasolinera. No digo que esto vaya a ocurrir, pero podría. Hay suficientes pruebas de que hay algunos actores muy malvados involucrados".

'¿Y ahora qué pasa si las próximas vacunas contienen algo que te mate?'

'¿Y ahora qué pasa si en la tercera, cuarta o quinta vacuna hay algo diseñado para matarte? No lo sé, pero si quisiera montar un sistema con control total y negación plausible, e inyectar a miles de millones de personas algo que les mate en el transcurso de meses o años, no se me ocurre un plan mejor que éste.'

'Si piensas: te has vuelto loco - muéstrame en qué no soy lógico. Porque de lo contrario estás confiando en gente que realmente es así de mala. Y me temo que esa gente existe. Siempre las ha habido, mira a Pol Pot, a los nazis, a Stalin, a Argentina en los años 70. A lo largo del tiempo, ha habido gente en todas partes que está dispuesta a matar a otras personas para salirse con la suya. Todo lo que estoy sugiriendo ahora es que esto también está sucediendo ahora. La única diferencia es que esta vez sucede con la tecnología en lugar de con las armas, y debido a Internet casi todo el mundo en este planeta está involucrado".

Pero aparte de eso, es la misma gente corrupta y repugnante con mentes criminales. Creo que ahora han ideado este sistema que permite que esto ocurra. Y aunque creas al gobierno: por favor, nunca aceptes pasaportes digitales de vacunas para que puedan tener un control total sobre ti y luego obligarte a inyectarte. Los inmunólogos dicen que no pueden ser vacunas, entonces ¿qué son?".

42

Son asesinos en masa a los que no les importa un cero.

No soy una persona religiosa, pero he llegado a la conclusión de que ahora estoy viendo las caras del Mal. La gente puede robar, engañar, irrumpir, la gente puede hacer cosas malas. Pero ESTE plan no fue ideado en 5 minutos... Si alguien está dispuesto a firmar (o ejecutar) una orden (/ ley) que sabe que va a costar, digamos, la vida a 20.000 personas, entonces ya ha decidido que es un asesino en masa, y ya no importa si se le añaden unos cuantos ceros más y se convierte en NUEVE ceros (mil millones)".

Los que escuchen esto por primera vez pensarán que me estoy volviendo loco, pero estoy todo lo tranquilo que puedo estar. Nos mintieron sobre la gravedad del virus, que no es tan peligroso en absoluto. Nos negaron medicamentos eficaces. Las medidas como los encierros y las mascarillas son manifiestamente ineficaces. Además, la narrativa sobre las variantes (/ mutaciones) no es cierta. Así que incluso si la vacuna resultara ser segura, se sigue engañando con esta narrativa a lo que creo que son las puertas del infierno".

'Si alguien no quiere creer esto: Todavía no he encontrado a nadie que tenga una explicación benigna para lo que se está haciendo ahora. Mis conclusiones sobre a dónde lleva esto pueden ser erróneas, pero no mis conclusiones de que esto se está haciendo de forma engañosa y deliberada, y que está perjudicando a la gente.'

"Tengan miedo de su gobierno y recuperen su libertad

En lo que respecta al virus, hay poco que temer. Casi ha desaparecido en el mundo. Lo que sí hay que temer es a su gobierno... La gente que no lee fuentes de noticias alternativas piensa que lo que el gobierno les dice es la verdad. Tengan miedo de su gobierno; tienen que recuperar sus libertades pacíficamente. Tienen que devolvértelas, porque no te las quitaron de forma legal... y ahora te están exponiendo a vacunas muy peligrosas'.

'Así que recupera pacíficamente tu libertad. Si no lo haces, no sé dónde va a terminar esto, pero no será bueno'.

Capítulo 6: ¿Inflamación del corazón?

'Enhorabuena, estáis destruyendo por una generación TODA la confianza en TODAS las vacunas' - 'Número de casos de miocarditis y pericarditis 40 veces superior al normal'

Los CDC de Estados Unidos están celebrando una reunión "de urgencia" sobre el "inesperado" número de niños y adolescentes que han desarrollado una inflamación del corazón después de ser inyectados con una "vacuna" Covid-19 de Pfizer o Moderna. Urgencia' entre comillas, porque la reunión no es hasta dentro de 7 días. Mientras tanto, se sigue instando a los padres a que simplemente lleven a sus hijos (a partir de los 12 años) a un centro de inyección. El economista-historiador de Yale y ex periodista y escritor del New York Times, Alex Berenson, reacciona furioso: "Estúpidos, estúpidos. Todo esto era tan previsible".

La "epidemia" de miocarditis (inflamación del músculo cardíaco) y pericarditis (inflamación del pericardio) se está produciendo sobre todo entre hombres jóvenes y adolescentes (de 16 a 24 años) que se han vacunado por segunda vez. Recientemente, los CDC pidieron a los proveedores de atención médica que preguntaran a los pacientes con síntomas de inflamación del corazón si se habían vacunado recientemente contra la Covid-19.

800 infecciones cardíacas declaradas, pero presumiblemente muchas más

La base de datos del VAERS que hace un seguimiento de las 800 infecciones cardíacas se ha actualizado hasta el 31 de mayo, por lo que mientras tanto el número de adolescentes y niños que se han visto afectados por esto gracias a su vacunación no habrá hecho más que crecer.

Además, históricamente sólo se incluye en esta base de datos entre el 1% y un máximo del 10% del número real de víctimas de la vacuna. Esto se debe, en parte, a que las personas que siguen enfermando (mortalmente) o mueren algún tiempo después de su vacunación ya no se contabilizan, y a que los médicos e investigadores (como en Europa y el resto del mundo) se desaniman mucho a la hora de relacionar los casos de enfermedad con una vacunación, incluso si ésta acaba de administrarse.

Las personas que contraen miocarditis suelen tener que ser hospitalizadas. De los 285 pacientes registrados, se dice que 270 han sido enviados a casa de nuevo. 15 de ellos siguen en el hospital. Normalmente, sólo entre 2 y 19 niños de 16 y 17 años "deberían" haber contraído miocarditis, pero la cifra real (hasta el 31 de mayo) es de 79. Para el grupo de edad de 18 a 24 años, el número "aceptado" es de 8 a 83, pero en realidad fueron 196 los afectados.

La FDA registró 42 casos de miocarditis/pericarditis en los 42 días posteriores a la vacunación en 3,1 millones de personas de entre 12 y 64 años. Entre los mayores de 65 años, la cifra fue de 1.260. Los funcionarios federales y los médicos preocupados consideran que las cifras de reacciones adversas, aunque son mucho más altas de lo normal en todos los ámbitos, siguen siendo "aceptables", por lo que la expectativa general es que la vacunación continúe como de costumbre. Lo único que se plantea es poner a los niños de hasta 20 años una sola inyección, o reducir la dosis, o alargar el tiempo entre inyecciones.

'Enhorabuena, estáis destruyendo TODA la confianza en TODAS las vacunas durante una generación'

Berenson, autor de "Dígale a sus hijos: La verdad sobre la marihuana, las enfermedades mentales y la violencia", entre otros libros, está horrorizado con las autoridades: "Enhorabuena, imbéciles. Estáis a punto de destruir la confianza de toda una generación en TODAS las vacunas y en TODAS las medidas de salud pública".

Pues bien, esa confianza hace tiempo que desapareció en un número cada vez mayor de personas, señor Berenson, como demuestra el hecho de que últimamente haya que convencer a los estadounidenses con billetes de lotería gratuitos, bonos y todo tipo de festivales de premios para que vayan a por sus "chupitos".

Berens analizó todas las estadísticas y llegó a la conclusión de que la incidencia de las enfermedades cardíacas entre los niños y adolescentes es hasta 40 veces superior a la normal. 'Y hay que tener en cuenta que la mayoría de los efectos secundarios no se comunican, aunque sean graves'.

El autor escribe que está detrás de una demanda de un estudiante que demanda a su escuela privada por exigir que todos los estudiantes sean vacunados contra el Covid-19. Al parecer, un lector ya ha ofrecido 25.000 dólares de apoyo. En todo Estados Unidos, numerosas escuelas y universidades ya están exigiendo la vacunación.

Israel: 275 casos

El mismo día (1 de junio), el Ministerio de Sanidad israelí informó de 275 casos de infección cardíaca (de nuevo, en su mayoría hombres jóvenes de entre 16 y 30 años) de entre más de 5 millones de vacunaciones. Esto puede parecer poco, pero en este caso se utiliza el mismo sistema de registro engañoso: sólo se cuentan las personas que enferman poco después de su vacunación, aunque hace tiempo que se sabe científicamente que las personas pueden enfermar como consecuencia de las vacunas varios meses o incluso años después.

Capítulo 7: ¿Restricciones a las vacunas?

Los viajes en avión para la gente común han sido una espina en el costado del culto globalista de la vacuna contra el clima durante años. Ahora, al parecer, se están tomando medidas para acabar con él de una vez por todas bajo el pretexto de la "salud" y la "seguridad". Las personas vacunadas tienen un mayor riesgo de sufrir una hemorragia cerebral o un ataque al corazón y los pilotos europeos se encierran en habitaciones de hotel a pesar de estar vacunados.

Las compañías aéreas de España y Rusia han empezado a advertir a las personas vacunadas que no suban al avión. Incluso puede que se les imponga una zona de exclusión aérea. El motivo es que las personas vacunadas corren un riesgo adicional de sufrir coágulos sanguíneos (TVP: trombosis venosa profunda) en las cabinas presurizadas a gran altura, por lo que pueden sufrir una hemorragia cerebral o un infarto con mayor rapidez.

Los CDC estadounidenses tienen una advertencia general en su página web para las personas que viajan más de cuatro horas en avión: "Más de 300 millones de personas viajan anualmente en vuelos de larga distancia (normalmente de más de cuatro horas). Los coágulos de sangre, también llamados TVP (trombosis venosa profunda), pueden ser un riesgo grave para algunos viajeros de larga distancia... Cualquier persona que viaje durante más de cuatro horas, ya sea en avión, coche, autobús o tren, puede correr el riesgo de sufrir coágulos sanguíneos.

¿El fin de casi todos los viajes?

Que a esa lista se sumen ahora el coche, el autobús y el tren (en los que no hay cabinas presurizadas) hace que muchos se pregunten si la secta globalista de las vacunas climáticas pretende, bajo el pretexto de la "salud" y el "clima", acabar con casi TODOS los viajes (excepto con ellos mismos, claro).

Inicialmente, el plan era permitir que sólo las personas vacunadas volvieran a tener acceso a los vuelos internacionales. Ahora que resulta que, en realidad, corren un mayor riesgo, se plantea la cuestión de si, en efecto, no era la intención desde el principio acabar con al menos el 90% de los viajes aéreos.

Los pilotos se encierran en habitaciones de hotel a pesar de las vacunas

A pesar de sus vacunas, los pilotos y otros miembros de la tripulación en Europa son encerrados en habitaciones de hotel inmediatamente después de llegar a un aeropuerto. En la mayoría de los casos, no se les permite salir del aeropuerto. En marzo, la Agencia Europea de Seguridad Aérea (AESA) recomendó que los pilotos vacunados también estuvieran en cuarentena durante al menos dos días antes de embarcar.

Dado que los pilotos vacunados pasan mucho más tiempo "en el aire" y, por tanto, corren un riesgo aún mayor, se plantea la cuestión de si los viajes en avión no se han vuelto permanentemente más inseguros.

Las aerolíneas australianas niegan que haya un mayor riesgo

El economista estadounidense Martin Armstrong escribe que tenía un amigo que se vacunó contra el Covid, y luego sufrió un coágulo de sangre que tuvo que ser extirpado quirúrgicamente.

Según el Evening Standard del Reino Unido, el riesgo es el mismo para los vacunados y los no vacunados. Las aerolíneas australianas afirman que no es cierto en absoluto, y que basta con volar si se está vacunado. Por supuesto que no les interesa la seguridad de la gente", responde Armstrong. Sólo quieren mantenerse a flote. Se han registrado muertes por coágulos de sangre después de que la gente se vacunara, sin volar. Otros han descubierto que las muertes por Covid a menudo tenían coágulos de sangre'.

Los políticos nunca admitirán sus errores; no queda nadie en quien podamos confiar".

Como ocurre con todo lo que rodea a Covid, no hay información real. Probablemente tampoco la obtendremos, porque el gobierno está impulsando la vacuna. Los políticos NUNCA admitirán sus errores, no

importa cuánta gente muera. No pueden ser procesados, porque controlan todo el proceso (judicial), y los medios de comunicación tampoco ayudan'.
52

Armstrong escribe que prefiere seguir siendo normal. *Si no tengo que volver a salir de casa, bien. De todos modos, ya estoy harto de este mundo desquiciado. Esperaré pacientemente el hongo nuclear que elimine la amenaza para la humanidad y señale que todo ha terminado. Sencillamente, no queda nadie en las autoridades en quien podamos confiar".*

Capítulo 8: ¿Estados Unidos y China trabajando juntos?

¿Por qué China NO utilizó la cuestionada tecnología de ARNm/ADN en sus propias vacunas? - Director de los NIH: "El SARS-1 y el MERS también vienen de allí

Y otra "teoría de la conspiración" que resulta ser un hecho real, exponiendo así otra mentira perpetuada durante meses por los principales medios de comunicación y los políticos. El Dr. Francis Collins, actual director de los Institutos Nacionales de Salud (NIH) estadounidenses, ha admitido francamente en una entrevista que los estadounidenses y los chinos colaboraron para hacer que el coronavirus fuera más contagioso para los humanos ("ganancia de función") en el laboratorio de riesgo biológico 4 de Wuhan. El Dr. Anthony Fauci, que se encuentra en un problema cada vez mayor debido a sus numerosas mentiras que ahora se han demostrado, negó al Senado en marzo que él y su colega Collins hubieran financiado la investigación de "ganancia de función" en el laboratorio de Wuhan. Ahora parece haber cometido perjurio al respecto.

El SARS y el MERS vienen de allí

Las declaraciones de Collins también son altamente incriminatorias para el Dr. Peter Daszak, quien a través de su Alianza Ecosaludable recibió importantes subvenciones de los NIH para financiar la investigación de "ganancia de función" en Wuhan. Collins explicó
53

detalladamente cómo trabajan juntos los NIH y el Instituto de Virología de Wuhan. Insistió en que hay "una buena razón" para ello, ya que tanto el SARS-1 como el MERS "se originaron allí".

Mike 'Natural News' Adams oye en esto que tanto el SARS como el MERS provienen del laboratorio de Wuhan, pero en mi opinión por 'allí' Collins se refería a China en general. De hecho, el SARS-1 apareció por primera vez en China en 2003. Su propagación se limitó posteriormente a otros cuatro países.

Sin embargo, el MERS se detectó por primera vez en Arabia Saudí en 2012 (ver también nuestro artículo de ayer: Las revistas médicas anuncian una posible nueva pandemia: MERS-CoV). Por lo tanto, Adams tiene razón al preguntarse, después de todo, si "¿Collins tiene más información de que estos coronavirus relativamente nuevos y mortales (SARS, MERS) provienen ambos del laboratorio de Wuhan?

La teoría de la conspiración se convierte en un hecho real

Los doctores Collins, Daszak y Fauci trabajaron directamente con la infame "dama del murciélago", la doctora Shi Zhengli, financiada y recompensada por el Partido Comunista Chino (PCC), según los informes de prensa del laboratorio de Wuhan. El Instituto de Virología de Wuhan es también el centro de un "Grupo de Frente Unido" establecido para neutralizar toda posible oposición y crítica al PCC. Cuando el laboratorio fue identificado como posible fuente del coronavirus el año pasado, China bloqueó una investigación de la OMS al respecto. Luego, durante meses, el Dr. Fauci proclamó las ahora probadas mentiras cristalinas, e incluso cometió perjurio al respecto.

Lo mismo ocurre con el Dr. Daszak, citado regularmente en los medios de comunicación occidentales, que seguía insistiendo en que un origen artificial del virus, es decir, una "fuga de laboratorio" -intencionada o no- era una "teoría de la conspiración". Los científicos que señalaban las numerosas incoherencias y las pruebas objetivas de que la teoría de la sopa de murciélagos o del mercado de marisco, también aceptada como "verdadera" en Europa, es un puro disparate, fueron atacados con virulencia y ennegrecidos. Esto le ocurrió incluso al descubridor del VIH y premio Nobel Luc Montagnier.

Caminando por las "fábricas COVID

Fauci, Daszak y otros científicos del sistema también han ido a por todas para inyectar a toda la población mundial con "vacunas" experimentales de manipulación genética, que ahora se ha demostrado que convierten a las personas en "fábricas de picos" andantes que también se "desprenden" (exhalan) en el medio ambiente. En artículos anteriores señalamos el creciente número de estudios e informes científicos que indican que esos "picos" exhalados también pueden causar daños a la salud de las personas no vacunadas.

Si esto se pone a la luz de los "Archivos Fauci" filtrados, de los que se desprende que el 11 de marzo de 2020 ya se hablaba internamente del coronavirus como un "arma biológica" creada deliberadamente, entonces surge un panorama aterrador que probablemente sea demasiado para que la mayoría de la gente lo asimile de una sola vez.

Las vacunas chinas no contienen ARNm: ¿por qué no allí y aquí?

Consideremos lo siguiente: poco después del estallido de la pandemia de la corona, China compartió con el mundo toda la información sobre el (supuesto) virus SARS-CoV-2, incluido el plan completo de construcción genética. Basándose en esto, se desarrollaron en América, Europa, Rusia e India nuevas vacunas basadas en la tecnología del ARNm y el ADN, nunca utilizadas ni probadas en humanos, con las que ahora se está llevando a cabo el mayor experimento médico de la historia inyectando con ellas al mayor número posible de personas e incluso niños.

Sin embargo, las vacunas chinas no contienen esta tecnología de ARNm/ADN. Allí, la sociedad y la economía funcionan normalmente desde hace tiempo. ¿Cuál podría ser la razón por la que los chinos no querían inyectar instrucciones de ARNm en su población? ¿Acaso eran plenamente conscientes de los gigantescos riesgos que ello conllevaría?

Una pregunta aún más importante: ¿por qué se hizo y se hace aquí?

Capítulo 9: ¿No hay escapatoria?

Un miembro del gobierno canadiense desvela una hoja de ruta global hacia el comunismo totalitario en octubre de 2020 en el que nadie es dueño de nada y todo el mundo debe ser vacunado obligatoriamente.

Otro país que confirma una tendencia especialmente preocupante: tras el inicio de la campaña de vacunación contra el Covid-19, el número de enfermos y muertos se dispara en Taiwán. Lo mismo ocurrió antes en India, Chile y Seychelles, entre otros, donde se repartieron más vacunas (de AstraZeneca) que personas vivas, tras lo cual hubo 146 veces más muertes en 4 meses que por la corona del año pasado. Y como venimos prediciendo desde hace tiempo, las autoridades se niegan a señalar a las vacunas como la causa, por muy evidente que sea la relación estadística. Pero las "vacunas" -excusa: terapia/manipulación genética experimental- se declaran ahora intocables y sacrosantas, y así se afirma efectivamente que se debe a una mutación.

Taiwán se libró de la corona a principios de este año. Ya casi nadie moría de Covid-19, apenas había enfermos y la vida volvía a la normalidad, salvo por las desgraciadas máscaras bucales, que todavía había que llevar en los lugares públicos. La razón de esto sólo se puede adivinar, ya que no había ninguna médica.

A pesar de que el enésimo virus respiratorio estaba controlado, el gobierno inició una campaña de vacunación masiva. Ésta tuvo un comienzo muy lento a mediados de marzo, pero a partir de mayo, el número de personas que se inyectaron con la manipulación experimental de ARNm/ADN se disparó de repente.

EXACTAMENTE en ese momento el número de "casos" y muertes también se disparó.

Un miembro del gobierno canadiense reveló la hoja de ruta hacia el comunismo totalitario en octubre

El presentador de radio estadounidense Hal Turner cita una carta abierta de octubre de 2020 de un miembro del gobierno canadiense, que también publicamos en su momento. Aquí de nuevo las partes más importantes de la misma:

Quiero darles una información muy importante. Soy miembro de un comité del Partido Liberal de Canadá. Formo parte de varios grupos de comités, pero la información que doy proviene del Comité del Plan Estratégico (que está controlado por la PMO)". Esa es la oficina del Primer Ministro liberal de izquierda Justin Trudeau, cuyo parlamento se ha dado a sí mismo un poder ilimitado y un mandato ilimitado sin elecciones mientras siga habiendo una "pandemia". Trudeau se ha convertido así en el primer dictador de facto de Canadá.

Han dejado muy claro que nada puede detener su resultado previsto. La hoja de ruta y los objetivos fueron elaborados por el primer ministro, y son los siguientes:"

(periodo de tiempo previsto: finales de 2020 - finales de 2021)

* "Introducir las segundas restricciones de cierre de forma gradual. Comenzar con las principales zonas urbanas primero, y luego ampliar;

* Obtener o construir instalaciones de aislamiento en cada provincia a un ritmo rápido;

* Aumentar rápidamente el número de nuevos "casos de Covid" y "muertes por Covid" de manera que ya no haya suficiente capacidad de pruebas;

* Segundo cierre completo y total en 2021, mucho más severo que el primero en la primavera de 2020;

* Presentar la mutación planificada del Covid-19 o la "reinfección" con un segundo virus (posiblemente llamado Covid-21 (o tal vez SARS-3 o MERS-CoV)), lo que llevaría a una TERCERA oleada con una tasa de mortalidad mucho más alta y una tasa de infección aún mayor;

* El sistema sanitario está inundado de pacientes de Covid-19 / Covid-21;

* TERCER cierre con medidas aún más estrictas, como la detención total de TODOS los desplazamientos (segundo/tercer trimestre de 2021);

* Implementar la renta básica universal (para las decenas de millones de nuevos desempleados que perderán su trabajo de forma permanente como resultado de esta política. Esta RBU será completamente digital, y sólo permitirá seguir vivo y ver la televisión);

* Colapso de las líneas de suministro, gran escasez (tiendas, supermercados, online, etc.), gran inestabilidad económica, seguida de caos, pánico y dislocación total;

* Desplegar a los militares y establecer puestos de control en todas las carreteras principales. Viajar permanentemente de forma extremadamente restringida (sólo con pase/permiso). (Tercer / cuarto trimestre de 2021)".

Dependiendo de la situación geopolítica, el calendario aún podría cambiar (por ejemplo, 2021 también podría ser 2022 o 2023), pero "nos han dicho que para iniciar este colapso económico real a escala internacional, el gobierno federal va a ofrecer a los canadienses una cancelación total de la deuda". Pero eso tiene un precio muy alto: cualquiera que lo reclame renuncia para siempre a todos los derechos de propiedad, y se compromete a tomar todas las vacunas que se le ofrezcan.

En un principio, los rechazantes tendrán que vivir bajo restricciones muy estrictas de forma indefinida, por lo que se quedarán en casa de forma permanente. Pero eso sólo durará un corto período, porque una vez que la mayoría de los ciudadanos hayan hecho la "transición" (a la esclavitud permanente bajo un sistema de control global totalitario comunista y transhumanista), "los rechazantes serán caracterizados como una amenaza para la seguridad pública, y trasladados a instalaciones de aislamiento".

O, en otras palabras, a los campos de concentración.

Allí se les dará una última oportunidad de seguir "participando" en el programa y se les inyectarán todas las vacunas. Si no lo hacen, permanecerán encerrados permanentemente y perderán todas sus posesiones y derechos. 'Al final, el Primer Ministro dio a entender que todo este programa será impulsado, independientemente de si estamos de acuerdo con él o no. Y esto no sólo ocurre en Canadá. Todos los países tendrán hojas de ruta y agendas similares. Quieren aprovechar la situación para hacer cambios a gran escala" (un reinicio financiero con la moneda mundial del FMI, el "Gran Reinicio", "Reconstruir mejor", la Agenda 2030 de la ONU, el "Nuevo Acuerdo Verde").

Después del colapso económico iniciado a propósito, muchas de las decenas de millones de seguidores del sistema desempleados estarán ansiosos por conseguir un puesto de camisa marrón de la BOA-Sturmabteilung en el gobierno, tras lo cual impondrán el escenario anterior a los conciudadanos no dispuestos con una crueldad despiadada. Amigos, vecinos, colegas, familiares y parientes, estudiantes y escolares se traicionarán mutuamente "por un bien mayor", y se alegrarán de que las "amenazas a su salud" sean despejadas para siempre. (Véase también: Así es como el Reichsmarschall Göring consiguió que la gente dijera: "Asustadles y decidles que los negadores son un peligro") y la política de Corona separa a las familias y a los amigos, exactamente como se hizo en la RDA).

Precisamente porque la mayoría de la gente todavía se niega a creer que esto puede y no volverá a suceder, que hoy en día somos más civilizados y no volveremos a cometer tales atrocidades, amenaza con volver a suceder. Lo único que puede detener todo este proceso, este pérfido plan preconcebido, es una concienciación masiva, seguida de un masivo (pero repetimos: ¡definitivamente no violento!) NO.

Capítulo 10: ¿La próxima pandemia?

El MERS-CoV tuvo una tasa de mortalidad del 40% en 2012 - Variante africana hecha contagiosa para los humanos mediante ingeniería genética - ¿Repetición de 2020, complementada con pruebas obligatorias y vacunas obligatorias para todos? - Previsible: la política y los medios de comunicación culparán a los no vacunados

Exactamente de acuerdo con el escenario que hemos descrito muchas veces desde el año pasado, las revistas médicas están anunciando la próxima pandemia ahora que el Covid-19 parece estar de salida: MERS-CoV. Por lo tanto, podemos esperar que se repita todo, desde el alarmismo deliberado del año pasado hasta la propaganda de desinformación en los medios de comunicación convencionales y una avalancha en el sistema sanitario, tras lo cual se tomarán medidas "naturales" como nuevos cierres estrictos, complementados con pruebas obligatorias y vacunas obligatorias para todos. Porque, de nuevo, la intención principal de esta pandemia parece ser la de inyectar a todo el mundo otra serie de nuevas vacunas experimentales.

No se equivoquen, esta no será la última vez que el mundo se enfrente a la amenaza de una pandemia", dijo Tedros ante la Asamblea General de la ONU de los ministros de salud de los 194 estados miembros a principios de este año. Es una certeza evolutiva que habrá otro virus con el potencial de ser aún más infeccioso y mortal que éste".

De hecho, ese otro virus podría estar ya llegando. Un equipo internacional de investigadores ha descubierto que el Síndrome Respiratorio de Oriente Medio (MERS) está a pocas mutaciones de convertirse en una grave pandemia. En su artículo, publicado en Proceedings of the National Academy of Sciences, describen su investigación sobre varias variantes del MERS.

El MERS-CoV apareció por primera vez en Arabia Saudí en 2012, y se dice que es especialmente mortal. Alrededor del 40% de los primeros pacientes murieron a causa de sus infecciones, que supuestamente fueron causadas principalmente por dromedarios infectados. Y coincidencia o no, también se encontraron pruebas de que los murciélagos habían infectado a los camellos. Según los investigadores, el 80% de los dromedarios analizados (el 70% vive en África) tienen ahora anticuerpos en la sangre.

La variante africana se hace contagiosa a los humanos mediante ingeniería genética

El brote de MERS-CoV no recibió mucha atención porque no habría contaminación de persona a persona. Los científicos investigaron por qué no se habían infectado muchos más africanos, dadas sus numerosas interacciones con los dromedarios. Allí, el virus circula principalmente en dromedarios de Marruecos, Nigeria,

Etiopía y Burkina Faso. Se recogieron muestras y resultó que las variantes que se dan en Arabia pueden transmitirse fácilmente de persona a persona, pero no las de África.

La diferencia entre las variantes está en los aminoácidos de la proteína S. Al modificar genéticamente la variante africana para que tuviera los mismos aminoácidos "árabes", consiguieron que la variante africana fuera también más infecciosa para las células humanas. La gran pregunta sin respuesta, por supuesto, es: ¿por qué querrías hacer eso? ¿Por qué querrías hacer mucho más infeccioso un virus que es (casi) inofensivo para los humanos, como ocurrió con el coronavirus?

De todos modos, los investigadores creen que la razón de que las variantes de Oriente Medio no hayan mutado todavía para infectar a mucha gente es que el comercio de dromedarios va casi exclusivamente en una dirección, de África a Oriente Medio. Sin embargo, advierten que si ese comercio se invierte en algún momento, o si otro animal también se convierte en portador y se comercia con África, podrían producirse mutaciones que podrían causar una pandemia mortal. (1)

Virus en el top 10 de la OMS

El MERS-CoV es muy similar al SARS-1 y también provoca síntomas respiratorios muy graves. Entre los humanos, sigue teniendo una tasa de mortalidad del

35%. Todavía no hay tratamiento ni vacuna. Desde 2012, más de 2.100 personas se han infectado con el MERS-CoV, de las cuales 813 han muerto. El virus está ahora en el top 10 de la lista de enfermedades emergentes de la OMS que deben ser investigadas con la máxima prioridad (2).

SPARS = MERS-CoV o SARS-3?

A finales del año pasado ya se anunció el posible sucesor de Covid-19: SPARS. En una simulación de la Universidad Johns Hopkins, esta pandemia estalla en 2025 y dura hasta 2028.

'La pandemia del SPARS 2025 - 2028; Un escenario futurista para comunicadores de riesgos de salud pública' (PDF, 2017) fue un simulacro similar al posterior 'Evento 201' de octubre de 2019, en el que se practicaron todos los detalles de la gestión de un brote mundial con un coronavirus que, según las previsiones de trabajo, mataría a 65 millones de personas. Ese 'simulacro', como todos ustedes saben, se hizo realidad en casi todos los aspectos (sólo el número de muertes, afortunadamente, se queda muy atrás (¿todavía?)).

De hecho, un documento del Banco Mundial afirma que el actual "proyecto" denominado "Programa de Preparación y Respuesta Estratégica Covid-19 (SPRP)" durará hasta el 31 de marzo de 2025. Sólo entonces se declarará presumiblemente que el SARS-CoV-2 / Covid-19 ha terminado definitivamente, aunque mientras tanto el Covid también podría ser sucedido por el MERS-CoV.

Después de eso, el sucesor podría empezar a aparecer inmediatamente: SPARS, que es una referencia a la ciudad estadounidense de St.Paul donde este futuro coronavirus surgirá por primera vez según la simulación. Por supuesto, este nuevo virus cambiará de nombre en 2025 o alrededor de esa fecha, y también podría volver a aparecer en Asia, por ejemplo. Sin embargo, también podría convertirse en el SARS-3, que ya está listo en un laboratorio italiano.

Así que no es improbable que el SPARS se convierta realmente en SARS-3 o MERS-CoV. El 2025 era sólo un año ficticio, que bien podría convertirse en el 2023 o antes. La simulación del SPARS también hablaba de una vacuna llamada COROVAX como la solución deseada para detener esta "pandemia", y que se introduciría en el escenario en julio de 2026. Tres años después de este documento de 2017, se estaba desarrollando literalmente una vacuna COROVAX.

Así es como se convencería a los antivacunas

Una notable similitud con el SARS-CoV-2 / Covid-19 es que la ficticia infección por SPARS (/ ¿infección por MERS-CoV o SARS-3?) suele ir seguida de una grave neumonía bacteriológica (pág. 57). También se describe cómo una conocida anti-vaxxer "ve la luz" después de que su hijo pequeño desarrolle una neumonía severa, y se cure sólo después de la administración de la medicación habitual. Las autoridades utilizan historias como ésta para convencer a los opositores a las vacunas.

Sorprendente similitud con 2020-2021: "... varios políticos influyentes y representantes de instituciones fueron objeto de críticas por sensacionalizar la gravedad del suceso para obtener ciertos beneficios políticos... Un amplio movimiento en las redes sociales, liderado principalmente por los padres de los niños afectados, junto con la desconfianza generalizada hacia las "grandes farmacéuticas", apoyó la narrativa de que el desarrollo de las MCM (vacunas) del SPARS era innecesario y estaba impulsado por algunos individuos con ánimo de lucro.'

También apuntó a las "teorías de la conspiración" de que este virus también fue creado intencionadamente, y/o desatado deliberadamente sobre la población por el gobierno como un arma biológica (pg. 66). Mientras tanto, los "Archivos Fauci", publicados incluso por los principales medios de comunicación estadounidenses, revelaron que el coronavirus fue calificado internamente como un arma biológica creada deliberadamente ya el 11 de marzo de 2020.

Pronto se culpará directamente a los no vacunados

Los fabricantes de productos farmacéuticos, que han demostrado en el último año lo extremadamente rentable que puede ser vacunar durante una p(l)andemia, están ocupados desarrollando nuevas vacunas. Bloomberg señaló a finales de mayo a GlaxoSmithKline (y a su socio Sanofi), que ya está fabricando la próxima generación de vacunas Covid. Según Roger Connor, jefe de desarrollo de vacunas, ya en junio iba a comenzar un periodo de prueba de una nueva vacuna en más de 37.000 personas.

Teniendo en cuenta las reacciones cada vez más duras, y a menudo chocantes, de la sociedad ante las personas que se niegan a vacunarse contra el Covid-19 (cada vez son más fuertes los llamamientos a la vacunación forzosa, y también se han oído los primeros llamamientos a meter a los que se niegan en campamentos), pensamos que hace tiempo que hemos superado la fase de "convencer" a los antivacunas, y que pronto, si esta próxima pandemia llega de verdad, se pasará directamente a culpar abiertamente a las personas no vacunadas por parte de los políticos y los medios de comunicación.

Supongamos que las vacunas causan efectivamente enormes problemas de salud, como los principales científicos y otros expertos han estado prediciendo durante meses (ver nuestros numerosos artículos sobre este tema). Entonces se producirá una nueva corrida sanitaria y hospitalaria, tras la cual se volverán a tomar duras medidas. En la televisión, los "científicos" aprobados por el complejo farmacéutico-vacunal afirmarán que no se debe a las vacunas, sino a una mutación que pudo surgir gracias a las personas no vacunadas.

71

Capítulo 11: Sars 3

El Foro Económico Mundial, al igual que la Organización Mundial de la Salud, se ha convertido en uno de los enemigos más vehementes de la libertad y la humanidad.

Ciberataque planeado (de falsa bandera) por la FEM para desestabilizar el sistema financiero entre agosto de 2021 y marzo de 2022 - ¿Será el próximo "virus asesino" el SARS-3, que ya se ha producido en un laboratorio italiano, o el SPARS?

La élite del poder mundial está tan facultada por la devoción servil y la ingenua credulidad del 90 por ciento de la población que no se hace ningún esfuerzo por ocultar la realidad de que se está llevando a cabo un gran escenario planificado y predeterminado.

El director de la OMS, Tedros Adhanom Ghebreyesus, comunista comprometido, proclama ahora abiertamente la próxima pandemia, que será "más contagiosa y letal" que el Covid-19, como ya sabrán. Las empresas farmacéuticas se frotan las manos y ya han empezado a preparar y probar la próxima ronda de vacunas.

No se equivoquen, ésta no es la última vez que el mundo se enfrenta a una amenaza de pandemia", dijo Tedros ante la Asamblea General de la ONU, compuesta por 194 ministros de Sanidad de los Estados miembros.

Es una certeza evolutiva que surgirá otro virus mucho más contagioso y letal que éste".

"Certeza evolutiva" era un eufemismo para decir "esto es lo que nosotros, como Covid-19, hemos desarrollado y planificado minuciosamente en colaboración con el Foro Económico Mundial". ¿Quizás el otro virus sea el SPARS, sobre el que escribimos a principios de este año y que se suponía que llegaría en (aproximadamente) 2025? ¿Será el SARS-3, que ya se ha producido en unas instalaciones italianas y que podría liberarse al público en general en cualquier momento?

El número de muertos está disminuyendo, pero aún no estamos fuera de peligro".

Por supuesto, el jefe de la OMS tuvo que declarar que el número de casos y muertes por Covid-19 había disminuido constantemente durante las últimas tres semanas. Hacer lo contrario dejaría muy claro que las vacunas están teniendo exactamente el efecto contrario en lugares como la India. Desde que comenzaron las vacunas, el número de muertes diarias ha pasado de 100 a casi 4.500 cada día. En enero se modificaron "secretamente" las directrices de la prueba PCR, muy utilizada, para que las inmunizaciones parecieran un éxito.

Ahora se están evaluando las vacunas.

Las empresas farmacéuticas, que han visto lo rentable que puede ser vacunar durante una pandemia en el

73

último año, ya están trabajando en nuevas vacunas. El pasado lunes, Bloomberg informó de que GlaxoSmithKline (junto con su socio Sanofi) está trabajando en la próxima generación de vacunas Covid. Según Roger Connor, jefe de desarrollo de vacunas, la semana que viene se iniciará una sesión de pruebas con una nueva vacuna en más de 37.000 pacientes.

Es necesario poner a la población de rodillas.

Ahora es seguro decir que el orden globalista establecido, dirigido por el Foro Económico Mundial, las Naciones Unidas, la Organización Mundial de la Salud, el Fondo Monetario Internacional, la Unión Europea y la alianza Gavi, y respaldado por casi todos los partidos políticos, ha lanzado un ataque frontal contra la humanidad. Como ya sabrán, la Fase 2 de esta pandemia ya ha sido anunciada: un ciberataque (de falsa bandera) contra el sistema financiero occidental (en quiebra), así como posiblemente contra el suministro de energía, con el objetivo de poner a la población de rodillas y obligarla a aceptar el "Gran Reset" comunista ("Reconstruir mejor"), o la "Cuarta Revolución Industrial" en el marco de la Agenda 21/2030 de la ONU, sin resistencia.

El FEM ha estado realizando simulaciones, similares al simulacro de pandemia de corona en octubre de 2019 ("Evento 201"), para ver cuál es la mejor manera de llevar a cabo un ciberataque de este tipo, que dejará a la población sin acceso a sus cuentas bancarias, posiblemente a Internet, y posiblemente incluso a (partes de) su suministro de energía (y, por tanto, al transporte y al suministro de alimentos) durante días -quizá semanas- y cómo sacar el máximo partido a las consecuencias previstas.

Según Armstrong, el reciente ciberataque al oleoducto Colonial en Estados Unidos, que supuestamente fue bloqueado por los hackers y luego liberado tras pagar una cuota de extorsión de 5 millones de dólares, fue también una prueba para ver si el ciberataque planeado contra el sistema financiero podía llevarse a cabo de esta manera. 'Ahora pueden argumentar que el malware es rentable y que todo el mundo está en riesgo'. Ese es el escenario más probable ahora mismo'.

Esta amenaza parece estar motivada por el deseo de completar el Great Reset". Covid fue inflado groseramente, y los que están detrás de los modelos falsos que se utilizaron para aplanar la economía mundial tienen mucho que ganar inflando este peligro cibernético. La pregunta ahora es: ¿cuándo lo harán? ¿Será este año o el próximo?

Capítulo 12: Supresión del sistema inmunitario

Covid-19 es "principalmente una enfermedad vascular", según los investigadores - Circulation Research: La lesión pulmonar se ve favorecida por la proteína de la espiga - Su sistema inmunitario trabaja contra usted para protegerle de la vacuna.

En una publicación científica, los investigadores del famoso Instituto Salk, fundado por el pionero de las vacunas Jonas Salk, admiten indirectamente que las vacunas Covid inducen coágulos sanguíneos que ponen en peligro la vida y dañan tanto los vasos sanguíneos como el sistema inmunitario.

A principios de esta semana señalamos que cada vez más científicos de renombre opinan que las vacunas son el mayor peligro para la salud humana.

Miles de europeos y estadounidenses ya han pagado con sus vidas, y cientos de miles con su salud, su participación "voluntaria" en el mayor experimento "médico" de la historia.

En Occidente, todas las vacunas Covid programan el cuerpo humano para crear la proteína de la espiga, el elemento más letal del supuesto virus SARS-CoV-2, con el objetivo de blindar a los humanos contra las consecuencias dañinas de la proteína de la espiga.

En pocas palabras, hacemos que su cuerpo fabrique algo dañino para que genere anticuerpos contra ese mismo peligro, pero no tenemos idea de cómo o si este proceso se detendrá alguna vez.

Entonces, ¿por qué no correr el "riesgo" de contraer el virus, que se ha demostrado que no enferma al 99,7% de la población, si es que lo hace? No, en 2021, esa línea de razonamiento racional, históricamente no controvertida, resulta de repente tan anticuada. Ya no podemos confiar en nuestro sistema inmunológico natural y debemos confiar en lo que se administra a través de una jeringa.

La Covid-19 es sobre todo una enfermedad vascular", afirma el investigador.

La industria de la vacunación, los políticos y los medios de comunicación siguen insistiendo en que la proteína de la espiga es segura, pero el Instituto Salk ha establecido ahora que no es así. Por el contrario, los investigadores del Salk y otros colegas científicos advierten en la publicación "La proteína de la espiga del nuevo coronavirus desempeña un papel extra crucial en la enfermedad" que la proteína de la espiga daña las células, "confirmando que el Covid-19 es en gran medida una enfermedad vascular."

¿Otra proteína de punta que se ha cobrado tantas vidas?

77

Por supuesto, los científicos de Salk tienen prohibido criticar directamente las vacunas. Por eso, según su artículo, la proteína de espiga producida por las vacunas se comporta de forma muy diferente a la producida por el supuesto virus.

Para empezar, esto contradice todas las afirmaciones de los fabricantes de vacunas de que sus vacunas crean la misma proteína de espiga. En segundo lugar, pone en duda la eficacia de las vacunas, porque si la proteína de espiga producida por las vacunas difiere significativamente de la producida por el virus, ¿qué sentido tiene la vacunación (suponiendo, por el momento, que estas "vacunas" diseñadas genéticamente funcionen)?

En el lado positivo, incluso los científicos pro-vacunas aceptan ahora que la proteína del pico es la culpable de un gran número de muertes y de personas que sufren importantes efectos secundarios y daños a la salud a largo plazo, a menudo permanentes. En otras palabras, es una admisión implícita de que las vacunas Covid-19 son potencialmente mortales.

La proteína de la espiga provoca lesiones pulmonares, según una investigación publicada en Circulation Research.

"La proteína de la espiga SARS-Cov-2 perjudica la función endotelial al inhibir la ACE-2", según un estudio científico publicado en Circulation Research. El interior del corazón y los vasos sanguíneos están revestidos de células edoteliales. Al disminuir los receptores de la ECA-2, la proteína spike "favorece la lesión pulmonar". Las células endoteliales de las arterias resultan dañadas y, en consecuencia, el metabolismo se ve alterado.

Los autores de este estudio también estaban a favor de la vacunación, afirmando que los "anticuerpos generados por la vacuna" pueden proteger al cuerpo de la proteína de la espiga. Esencialmente, la proteína de la espiga puede causar un daño significativo a las células vasculares, y el sistema inmunitario puede contrarrestar este daño luchando contra la proteína de la espiga.

El sistema inmunológico está tratando de protegerte CONTRA la vacuna

En otras palabras, el sistema inmunitario humano se esfuerza por defender al paciente de los efectos negativos y las reacciones contrarias de la vacuna para evitar que muera. Cualquiera que sobreviva a la vacuna Covid lo debe a la protección de su propio sistema inmunitario CONTRA la vacuna, no a la vacunación en sí.

'La vacunación es el arma', concluye Mike 'Natural News' Adams. 'Su sistema inmunológico le protege. Todas las vacunas Covid deberían ser retiradas del mercado inmediatamente y reevaluadas por sus efectos negativos a largo plazo basándose únicamente en esta investigación.'

Según las estadísticas oficiales del VAERS, el número de muertes relacionadas con las vacunas en Estados Unidos en 2021 será casi un 4000 por ciento más que el número total de muertes relacionadas con las vacunas en 2020.

La santa vacuna no tiene la culpa de un infarto o una hemorragia cerebral.

El siguiente mecanismo ha sido probado científicamente y ya está establecido: las vacunas Covid-19 incitan a su cuerpo a producir la proteína de la espiga, que puede causar daños vasculares y coágulos de sangre, que pueden desplazarse por todo el cuerpo y acabar en varios órganos (corazón, pulmones, cerebro, etc.). A las personas que mueren como consecuencia de esto se les dice que han tenido un "ataque al corazón", un "coágulo de sangre" o una "hemorragia cerebral"; nunca se puede ni se debe culpar a las sacrosantas vacunas, por muchas pruebas que haya hoy en día que demuestren que son las principales razones.

Los vacunados parecen ofrecer un riesgo a los no vacunados, además de la posibilidad de un daño permanente o mortal para su propia salud. Muchos de los "wappies" de la corona que se han vacunado recientemente se han transformado en "fábricas de púas" andantes, y ahora pueden exhalar estas proteínas de las púas. Pueden así infectar a otros a través de este proceso de "desprendimiento".

Las vacunas contra las armas biológicas fueron creadas por la administración del apartheid contra la población negra.

Las vacunas se han utilizado durante mucho tiempo como armas biológicas contra el público en general. El Gobierno del Apartheid de Sudáfrica creó la tecnología subyacente a dicha vacuna "autorreplicante". Los científicos estaban desarrollando vacunas "raciales" en ese momento, con el objetivo de erradicar a gran parte de la población negra.

Este año, la Escuela de Salud Pública Johns Hopkins Bloomberg propuso utilizar una vacuna autorreplicante para "vacunar" automáticamente a toda la población mundial. Posteriormente se utilizarían drones y robots de IA para aplicar y supervisar el programa.

Las personas que todavía están ansiosas por inscribirse en un callejón de vacunas para ser modificadas genéticamente para generar una proteína de punta potencialmente mortal parecen haber sido totalmente engañadas por los medios de comunicación y los políticos del sistema. Han sido insensibilizados ante todas las advertencias y las montañas de pruebas, y no pueden creer que el mundo esté siendo gobernado por monstruos sin escrúpulos que no tienen ningún reparo en cometer el genocidio potencialmente más grande de la historia de la humanidad.

Capítulo 13: Pasaportes y fichas

Una entrevista de 2016 con el alto directivo del FEM Klaus Schwab, en la que predice que "dentro de 10 años" se adoptará una tarjeta sanitaria mundial obligatoria y todo el mundo tendrá implantados microchips, se suma a la prueba de que la edición de Covid-19 se preparó minuciosamente.

Al parecer, Schwab estaba trabajando en un plan hace al menos cinco años para crear un enorme brote de virus y explotarlo para establecer pasaportes sanitarios y vincularlos a pruebas y vacunas obligatorias, todo ello según el enfoque problema-reacción-solución. El objetivo es tener un control total sobre toda la población humana del planeta.

Dentro de 10 años, tendremos microchips implantados", dijo Schwab hace cinco años.

En 2016, un entrevistador francófono le preguntó: "¿Estamos hablando de chips implantables?" "¿Cuándo va a ocurrir?

Por supuesto, en los próximos diez años", dijo Schwab. Empezaremos poniéndolos en la ropa'. Después podemos imaginarnos implantándolos en nuestro cerebro o en nuestra piel'. El capataz del FEM comentó entonces su visión de la "fusión" del hombre y la máquina.

'En el futuro, podremos comunicarnos directamente entre nuestro cerebro y el mundo digital'. Observamos una fusión de los mundos físico, digital y biológico'. En el futuro, la gente sólo tendrá que pensar en alguien para poder comunicarse directamente con él a través de la "nube".

No habrá más personas biológicas con ADN natural en el mundo transhumanista, que finalmente se convertirá en totalmente "digital". La "nube" se utilizará para almacenar los datos de todos.

La humanidad ha comenzado a ser reprogramada genéticamente.

El orden económico actual será destruido por el "Gran Reset" de Schwab ("Build Back Better"). El inminente colapso financiero será aprovechado para lanzar un nuevo sistema global basado únicamente en dinero y transacciones digitales. Este nuevo sistema estará conectado a todo el mundo gracias a la tecnología 5G. A los que se nieguen se les prohibirá "comprar y vender", es decir, la vida social.

A finales de la década de 2020, las "vacunas" de ARNm de Covid-19 comenzaron a programar y manipular genéticamente a la humanidad con el fin de hacerla "apta" para ser primero vinculada, y luego integrada, con este sistema digital global, que, como saben, creo que es el reino bíblico de "la Bestia".

Estas vacunas que alteran los genes tienen el potencial de eliminar tu libre albedrío y tu capacidad de pensar por ti mismo, así como tu deseo y capacidad de conectar con el reino espiritual.

Perspectiva cristiana: La humanidad está apartada de Dios

Desde una perspectiva cristiana, la reprogramación del ADN humano a través de estas vacunas puede verse como el último intento de Satanás de separar permanentemente a la humanidad de Dios. Esta parece ser la verdadera explicación de la advertencia del libro profético de la Biblia, el Apocalipsis, de que los individuos que lleven esta "marca" perecerán.

Esto no es simplemente por un chip y una sucesión de pinchazos; es por lo que esos pinchazos harán a y en ti. Como resultado, Dios será incapaz de salvar a aquellos cuyas mentes (libre albedrío) han sido reprogramadas a la obediencia total ("adoración"). Eso hará necesaria su intervención, porque de lo contrario, la humanidad en su conjunto se perderá para siempre.

Las falsas enseñanzas han cegado a una gran parte del cristianismo.

El aspecto esencial de este artero complot, que ha estado en los trabajos durante mucho tiempo, fue la infiltración del cristianismo con una serie de falsas enseñanzas, con el objetivo de mantener a los creyentes ciegos hasta el final de los tiempos en preparación para el advenimiento y establecimiento del gobierno de la Bestia.

De hecho, entre decenas y cientos de millones de cristianos, sobre todo en Occidente, creen que nunca tendrán que vivir este periodo. Incluso ahora, cuando la implementación de este sistema ha comenzado, la mayoría de la gente se niega a aceptarlo. Con sus puntos de vista a favor de la vacunación, la mayoría de los partidos e iglesias cristianas están cooperando abiertamente en este "Gran Restablecimiento" al dominio de "la Bestia". En términos teológicos, el Vaticano es el conductor más poderoso y convencido de esto.

'¡Pero si nos han engañado!' no es una excusa.

¿Quizás un paralelismo bíblico pueda ayudar a algunos a entenderlo? Génesis 3, el relato de la creación y la 'Caída', tal como se nos cuenta hoy: La serpiente persuadió a Adán y Eva de que no podían 'comer' la 'manzana', en este caso la señal, es decir, que no se la pincharan (prueba de la raíz de 'la señal': charagma = arañar/algo con una aguja = pinchar), pero la serpiente los persuadió de que esta señal no los condenaría, sino que los convertiría en 'dioses'. Después de ser persuadidos por esta falsedad, sus quejas contra Dios ('¡pero si nos han mentido!') fueron inútiles, y murieron lenta y dolorosamente. Podían y debían haberlo sabido, por lo que no tenían justificación.

Aceptar "la señal", según la Biblia, conlleva una consecuencia aún peor: la muerte eterna. Permitir que te modifiquen genéticamente con vacunas de ARNm y que luego te integren en una red digital global, renunciando así a todo el control sobre tu cuerpo y tu libre albedrío, dependerá de cada individuo decidir si el peligro merece la pena.

Capítulo 14: No más libertad

La Administración Federal de Seguridad y Salud en el Trabajo (OSHA) de EE.UU. está advirtiendo a los empresarios de que serán responsables de cualquier daño a la salud de sus empleados si se les exige que se vacunen contra el Covid-19. Esto podría convertirse en una cuestión complicada también en Europa, ya que el gobierno ha rechazado de antemano toda responsabilidad gubernamental y la ha puesto en el plato de los proveedores de atención sanitaria. Si al final ningún organismo quiere asumir la responsabilidad, entonces, a la vista de los derechos humanos, no es posible que estas vacunas se conviertan directa o indirectamente en una condición para conseguir o tener un trabajo, o para acceder a edificios y eventos, como se pretende ahora.

Si un trabajador estadounidense se ve obligado a ser inyectado con estas terapias genéticas experimentales de ARNm empaquetadas como "vacunas" y posteriormente queda ciego o paralizado, o incluso muere, esta lesión se considerará "relacionada con el trabajo", lo que hará responsable a su empleador. Las directrices también establecen que los empleadores están obligados a registrar los efectos secundarios (graves) y las reacciones adversas tras las vacunas Covid en sus empleados.

La nueva directiva de la OSHA se publicó el 20 de abril, y fue una respuesta a las empresas e instituciones que habían anunciado que todos sus empleados estarían obligados a vacunarse, como la red del Hospital Metodista de Houston. Los que se nieguen serán primero suspendidos, y después despedidos.

Las vacunas sólo tienen autorización de emergencia

Se espera que esta organización hospitalaria y muchos otros empleadores sean demandados si siguen estos planes y sus empleados enferman o mueren posteriormente. Según el sistema de registro VAERS, casi 200.000 estadounidenses ya han sufrido daños en su salud a causa de las vacunas Covid-19, y casi 4.000 han muerto. Casi 20.000 han sufrido daños graves (a largo plazo o permanentes) (enfermedades autoinmunes, parálisis, ceguera, la enfermedad muscular ALS, Creutzfeld-Jakob, Alzheimer, etc.).

America's Frontline Doctors (AFLDS) advierte que las vacunas -al igual que en Europa- sólo tienen una licencia temporal de emergencia, y por esa sola razón no pueden ser impuestas a nadie. 'La autorización de emergencia de la Administración de Alimentos y Medicamentos de Estados Unidos establece específicamente que los individuos deben tener la libre elección de aceptar o rechazar estas vacunas', explica LifeSiteNews. 'Muchos señalan que cualquier despido por rechazar las vacunas socava absolutamente su necesaria libertad.'

Sin embargo, el Tribunal Europeo de Derechos Humanos dictaminó recientemente que las vacunas obligatorias son legales. Aun así, incluso en los Países Bajos, ningún trabajador debe aceptar automáticamente que su jefe le exija la vacuna Covid-19 como condición para conservar su empleo o seguir realizando el trabajo para el que fue contratado.

Capítulo 15: Sin asistencia sanitaria

Algunos médicos están tan adoctrinados y aterrorizados que culpan a los propios enfermos: "Mi jefe me presionó mucho para que me vacunara".

Highwire, el programa de salud estadounidense de más rápido crecimiento en Internet, que ya cuenta con más de 75 millones de espectadores, centró recientemente su atención en una preocupante tendencia en Estados Unidos que también puede estar produciéndose en otros países occidentales. En efecto, cada vez son más los médicos que se niegan a tratar a las personas que sufren graves efectos secundarios y reacciones adversas tras la vacunación con la vacuna Covid-19. La razón es obvia: el establishment político y farmacéutico ha canonizado efectivamente estas vacunas manipuladas genéticamente. Si la gente se pone muy enferma o incluso muere a causa de ellas -en Estados Unidos en 2021 ya habrá un 4000% más de víctimas de las vacunas que en todo el año 2020 de todas las demás vacunas juntas-, entonces las instrucciones son que no puede ni debe ser culpa de la vacuna. Los médicos que a pesar de todo observan esto deben temer por sus trabajos y carreras.

Algunos médicos están tan adoctrinados que culpan a los propios enfermos. Llaman a las personas que sufren efectos secundarios graves tras la vacunación pacientes con un 'trastorno de conversión', temiendo poner en su expediente que la vacuna es la causa probable. (O, en otras palabras, 'vuélvase a casa, señorita, porque lo tiene entre ceja y ceja').

El 4 de enero, mi jefe me presionó mucho para que me vacunara", me dijo Shawn Skelton. Después de cumplir, experimentó inmediatamente efectos secundarios, como síntomas leves de gripe. Pero al final del día, me dolían tanto las piernas que no pude soportarlo más. Cuando me desperté al día siguiente, me temblaba la lengua, y luego fue empeorando. Al día siguiente tuve convulsiones por todo el cuerpo. Eso duró 13 días".

'Demasiado miedo para tratarnos', dicen.

Un médico me dijo que el diagnóstico era: 'No sé qué te pasa, por lo tanto te culpamos'", dijo otro. Skelton explicó. Los médicos no saben cómo abordar los efectos negativos de la vacuna de ARNm. También creo que les aterra. No sé por qué ningún médico quiere ayudarnos".

Otras dos trabajadoras sanitarias, Angelia Desselle y Kristi Simmonds, tuvieron experiencias similares. Ellas también sufrieron convulsiones y sus médicos también se negaron a tratarlas. Un neurólogo rechazó que Desselle le remitiera por correo electrónico. Era un especialista en trastornos del movimiento, que yo creía necesitar. Mi médico de cabecera dijo que parecía que tenía Parkinson avanzado. Pero me contestó por correo electrónico que tenía tareas muy complejas y que no podía verme en ese momento'.

91

Como otros médicos también le cerraron la puerta, acudió a un neurólogo sin mencionar que se había vacunado contra el Covid-19. No quería que me enviaran de nuevo. Pero está en mi historial médico, así que cuando lo miró me dijo '¿así que te vacunaste? Y yo le dije 'sí, pero no quería darle esa información porque necesito ayuda'". Ahora por fin está recibiendo tratamiento para sus ataques de migraña.
En Europa, los médicos de cabecera y los especialistas están sujetos a una normativa estricta.

No sabemos si los médicos de cabecera en Europa también se niegan a tratar a los pacientes vacunados que se encuentran mal. Sin embargo, se les prohíbe recetar a los pacientes (sospechosos) de haber recibido la corona fármacos de eficacia probada y segura, como la hidroxicloroquina y la ivermectina. Nada debería amenazar el "sagrado" programa de vacunación masiva - recuperación: programa de ingeniería genética, después de todo.

En Europa, los médicos de cabecera y los especialistas están sujetos a una normativa estricta.

No sabemos si los médicos de cabecera en Europa también se niegan a tratar a los pacientes vacunados que se encuentran mal. Sin embargo, se les prohíbe recetar a los pacientes (sospechosos) de haber recibido la corona fármacos de eficacia probada y segura, como la hidroxicloroquina y la ivermectina. Nada debería amenazar el "sagrado" programa de vacunación masiva

- recuperación: programa de ingeniería genética, después de todo.

A principios de este año, el gobierno hizo recaer la responsabilidad de las consecuencias de las vacunas Covid sobre los hombros de los profesionales sanitarios y las personas vacunadas con ellas. Por lo tanto, no es inconcebible que los profesionales y especialistas de la salud en Europa se muestren reacios a reconocer, y mucho menos a tratar, a las víctimas de la vacunación como tales.

Capítulo 16: Atrévete a hablar

La vacunación durante una pandemia se consideraba antes "impensable" en la ciencia, hasta el año pasado. Se ha iniciado una investigación sobre los crecientes riesgos de infección y muerte entre las personas vacunadas.

Las vacunas masivas a nivel mundial contra el Covid-19 son "impensables", "inaceptables" y un "error histórico", según Luc Montagnier, virólogo francés que ganó el Premio Nobel en 2008 por descubrir el VIH. Las vacunas son las que causan las "variantes", y los individuos mueren de la enfermedad como resultado de ellas.

'¿No es un tremendo descuido? Fue un error tanto científico como médico". Montagnier comentó en una entrevista traducida y publicada el pasado martes por la Fundación RAIR USA: "Es un error terrible". 'Esto quedará documentado en los libros de historia porque las mutaciones son causadas por la vacunación'.

Muchos epidemiólogos son conscientes de ello, pero guardan silencio al respecto, incluso cuando se trata de cuestiones bien conocidas como la "potenciación dependiente de anticuerpos": "Son los anticuerpos del virus los que permiten que la enfermedad se agrave", declaró Montagnier a principios de este mes en una entrevista con Pierre Barnérias, de Hold-Up Media.

Aunque las variantes (mutaciones) se desarrollan de forma natural (pero prácticamente siempre se vuelven menos letales y, por tanto, menos peligrosas), las vacunas Covid son ahora las principales impulsoras de este proceso. ¿Cuál es la función del virus? ¿Va a morir o va a encontrar otra forma? Las nuevas variaciones se forman claramente como resultado de la intervención de ciertos anticuerpos".

La vacunación durante las pandemias se consideraba "impensable" en la ciencia hasta el año pasado.

Vacunar durante una pandemia se consideraba antes como algo "impensable" en la ciencia porque se ha demostrado que aumenta la cantidad de individuos enfermos y de muertes. Las vacunas han producido y dado lugar a las nuevas variaciones. Esto es algo que se ve en todos los países; es lo mismo en todas partes. Las vacunas causan mortalidad en todos los países".

Los datos del Instituto de Métrica y Evaluación Sanitaria de la Universidad de Washington se utilizaron en un vídeo para destacar cómo el número de muertes aumenta considerablemente en todos los países en los que se han aplicado las inmunizaciones. Montagnier citó datos oficiales de la OMS que muestran que desde que se iniciaron las inmunizaciones en enero, no sólo el número de muertes, sino también el número de nuevas infecciones y de personas enfermas ha aumentado drásticamente, "especialmente entre los jóvenes".

Se están estudiando las infecciones y la mortalidad tras las vacunas.

La trombosis (coágulos de sangre) es una de las razones por las que numerosos países han dejado de utilizar la vacuna de AstraZeneca, según el Nobel. También está trabajando en un estudio sobre las personas que enferman por el coronavirus después de haberse vacunado. Según los CDC, al menos 5.800 estadounidenses se habían visto afectados por el virus hasta abril; 396 de ellos fueron hospitalizados y 74 murieron.

"Demostraré que están desarrollando variaciones resistentes a las vacunas". Montagnier fue noticia en abril de 2020 cuando dijo que el virus SARS-CoV-2 tenía que haber sido creado en un laboratorio. "La presencia de elementos del VIH y de gérmenes de la malaria en el genoma del coronavirus es especialmente sospechosa". Estas características del virus no podrían haberse desarrollado espontáneamente'. En julio de 2020, publicó un estudio que respaldaba su idea.

¿Se está preparando un plan de eutanasia masiva?

Cada vez parece más justificado el argumento de que las vacunas Covid-19 son más parecidas a un programa de eutanasia a cámara lenta, que podría dar lugar a un genocidio abierto a una escala sin precedentes a corto o medio plazo. Las personas que se han vacunado recientemente y afirman que "no les molesta nada" olvidan que los daños (graves) de la vacunación pueden tardar semanas, meses o incluso años en manifestarse.

Dado que el virus aún no ha sido aislado en ninguna parte del mundo, algunos creen que el "nuevo coronavirus" no es más que una gran estafa diseñada para inyectar a la gente esta terapia genética experimental. Como resultado, se están sentando las bases para una plataforma de programación transhumana de ARN-ADN que podría alterar, controlar o paralizar permanentemente a cualquiera que haya recibido estas vacunas.

Capítulo 17: El mandato del veneno

Riesgo de intoxicación por gas fosgeno letal

El Departamento de Salud de Connecticut ha dado a conocer los ingredientes de la "vacuna" Moderna Covid-19. Según el prospecto, esta vacuna contiene "SM-102", que "no es aceptable para uso humano o animal", según el fabricante. El productor, Cayman Chemical Company, ha informado a la OSHA de que este producto químico produce "envenenamiento agudo" y es "mortal en contacto con la piel". Con una exposición prolongada o repetida, el SM-102 "daña el sistema nervioso central, los riñones, el hígado y el sistema respiratorio".

En resumen, las personas que reciben esta vacuna pueden intoxicarse. A pesar de ello, el gobierno y los medios de comunicación siguen pregonando la seguridad de las vacunas.

Se puede acceder a la lista completa de ingredientes del Departamento de Salud de Connecticut en línea (archivo aquí) (Natural News mirror Pre-vaccination screening form - V20, and Covid-19 vaccine ingredients list and spike protein schedule).

Las directrices del gobierno para los centros de salud indican además que el riesgo de shock anafiláctico por las vacunas es tan alto que todos los centros de vacunación deben tener a mano medicamentos de respuesta adversa grave. Pérdida de conciencia, desorientación, confusión, debilidad, diarrea, náuseas, vómitos, visión de túnel, visión de destellos de luz, problemas de audición y pérdida de audición son algunos de los muchos efectos secundarios reportados. (Y esto para un virus que es completamente inofensivo para el 99,7% de la población).

SM-102

Después de publicar esta información, Hal Turner recibió numerosos correos electrónicos de personas que afirmaban que las precauciones sobre el SM-102 sólo se aplican al cloroformo, no a la vacuna Covid de Moderna. El SM-102 es el tercer elemento más frecuente en la lista de ingredientes de la "vacuna" de Moderna, y ES el componente, según la Cayman Chemical Company'.

Intoxicación mortal por gas fosgeno

El cloroformo, como cualquier otra sustancia química, se degrada. Cuando entra en contacto con el oxígeno, se descompone en gas fosgeno", que es un "gas muy venenoso (una mezcla de monóxido de carbono y cloro) que se licua a +8 grados", según el Van Dale Large Dictionary. Con sólo 7 partes por millón, es mortal (7 partes por millón).

'Como resultado, todos los que reciben esta inyección podrían adquirir cloroformo, que luego puede descomponerse en gas fosgeno al circular por sus cuerpos'. Algunas personas, quizás muchas, podrían alcanzar un umbral de gas fosgeno mortal en su cuerpo y morir como resultado, posiblemente dentro de los 180 días siguientes a su segunda dosis.'

La intoxicación por fosgeno puede provocar la formación de una embolia pulmonar. Los pulmones del paciente se llenan de líquido, imposibilitando su respiración - exactamente lo que le ocurrió a los enfermos graves de Covid-19 el año pasado, ingresándolos en el hospital y requiriendo soporte vital.

'Qué técnica tan ingeniosa para despoblar el mundo: nadie se da cuenta'.

'Una vez que estas personas caen al suelo como moscas, los mismos que nos dieron la vacuna pueden culpar fácilmente a una variación de Covid', concluyó Turner. Qué trágico que hayan muerto como resultado de esta mutación, de la que la vacuna no les protegió". ¿Podría ser este el caso de la 'negación plausible' del asesinato en masa? Tome su propia decisión'. (O se está utilizando para imponer otra vacuna al público).

Turner concluye: 'Qué método tan fantástico para despoblar el mundo'. 'Nadie se da cuenta porque las muertes y el pinchazo se producen durante un largo periodo de tiempo, y los síntomas del gas fosgeno son idénticos a los del Covid.'

La historia de Turner fue rápidamente etiquetada como "desinformación" por el "verificador de hechos" de Facebook Leadstories.com. Dado que este tipo de "verificadores de hechos" han sido una fuente importante de desinformación una y otra vez desde el año pasado, y parecen haber sido creados sólo para dar a la falsa propaganda de los medios de comunicación dominantes un "sello de aprobación", esto significa casi automáticamente que puede haber un gran núcleo de verdad en ella en 2021.

Folleto sin contenido

Una enfermera había entregado a Turner imágenes del prospecto obligatorio que se incluirá en los cartones de la vacuna Moderna. Cuando lo vi, me horroricé", dijo el profesional sanitario. '¿Puede decirme dónde está la lista de ingredientes?' De hecho, resultó estar absolutamente en blanco. 'No hay nada que haya inyectado en un paciente que se parezca a eso'. Son conscientes del contenido'.

En cuanto a los folletos informativos, ¿conocen a una sola persona vacunada que haya recibido o descargado y leído uno antes del "pinchazo"? Los alimentos deben contener una larga lista de ingredientes o no se venderán. Lo mismo puede decirse de la mayoría de los medicamentos y bienes de consumo comunes. Entonces, ¿por qué, de entre todas las cosas, hay una excepción para las vacunas? ¿Por qué se dificulta al máximo el conocimiento de lo que se inyecta en el cuerpo y las posibles consecuencias?

101

¿Comprarías una sopa con la etiqueta "Sabremos si los ingredientes son seguros en tres años"?

¿Se negarían aún los defensores de la vacunación a considerarla si leyeran el horrible prospecto de la vacuna AstraZeneca/Vaxzevria, que dice: "Contiene un adenovirus modificado genéticamente derivado de chimpancés y producido en células de riñón embrionario humano". Los OVG (organismos modificados genéticamente) están presentes en este producto". ("Una sola dosis (0,5 ml) comprende al menos 250 millones de unidades infecciosas de adenovirus de chimpancé, que codifica la glicoproteína de espiga del SARS-CoV-2 ChAdOx1-S").

¿Qué hay de la realidad en blanco y negro de que la eficacia, la estabilidad y la seguridad de la vacuna no tienen que demostrarse claramente hasta el 31 de mayo de 2022? Eso no es hasta el 31 de marzo de 2024, o sea, dentro de TRES AÑOS, para los ancianos y los enfermos crónicos (pg.16). ¿Qué harían los partidarios de la vacunación si fueran al supermercado a comprar una lata de sopa y vieran en la etiqueta que no se sabría si los componentes de esa sopa son seguros para la salud hasta dentro de uno o tres años? ¿No decidirían entonces: "No vamos a hacerlo hasta dentro de un tiempo, tomaremos otra cosa"?

Capítulo 18: Sangre tóxica

Por el momento, la Cruz Roja de Japón y Bélgica no aceptan donaciones de sangre de personas que se hayan vacunado contra el Covid-19. Según Jeffrey Kingston, director de estudios sobre Asia en la Universidad de Temple, Japón no ha olvidado la crisis de los años 80, cuando el gobierno aprobó el uso de sangre de donantes infectados por el VIH. Esto ocurrió a pesar de que ya se sabía que el calentamiento podía matar las partículas del virus en la sangre.

Sólo el 2% de los japoneses está aún totalmente vacunado - recuperación: terapia de manipulación genética, frente al 35% en Estados Unidos. El gobierno japonés, según Kingston, no sólo es burocrático, sino también cauteloso. Existe un período de espera típico para la donación de sangre después de otras inmunizaciones. Es de 24 horas para la gripe, el cólera y el tétanos, de 2 semanas para la hepatitis B y de 4 semanas para el sarampión, las paperas y la rubeola.

Por el momento, la Cruz Roja belga no acepta donaciones de personas vacunadas.

La Cruz Roja Americana permite a las personas que se han vacunado contra el ARNm de la corona donar sangre de la misma manera que se permite a las personas infectadas por el coronavirus. No hemos podido descubrir nada relativo a las donaciones de sangre en el sitio web de la Cruz Roja, por lo que creemos que pueden continuar sin limitaciones.

Hasta la fecha, no se ha demostrado que ningún virus respiratorio sea transmisible a través de la sangre, incluidos los coronavirus y el virus de la gripe. Por ello, donar y recibir sangre no entraña ningún riesgo", según el sitio web de la Cruz Roja belga.

'Sin embargo, a diferencia de la vacuna antigripal habitual, después de vacunarse con la corona no se podrá dar momentáneamente'. La duración depende de la marca y de si tiene síntomas después de recibir la vacuna'. (La cursiva es mía) ¿De qué signos y síntomas se trata? Seguramente, si te has vacunado, estás a salvo. ¿No se ha demostrado que estas vacunas son seguras?

Capítulo 19: La India se desmorona

Millones de indios se bañan en las alcantarillas abiertas del río Ganges, donde ahora se descubren decenas de cadáveres cada día.

El número de muertes debidas a Covid-19 cada día ha pasado de menos de 100 en enero a más de 4.500 en mayo desde que la India comenzó su campaña de vacunación. La clara relación entre las vacunas y el autismo ya no es discutible. También hay que tener en cuenta la advertencia del director del RIVM, Jaap van Dissel, de finales del año pasado, cuando anticipó que las inmunizaciones "podrían aumentar inicialmente la mortalidad". Y eso es exactamente lo que está ocurriendo en muchas naciones, incluida la India a gran escala.

Cada día se descubren cientos de muertos en el Ganges. Miles de indios mueren cada día de enfermedades como la tuberculosis, la fiebre tifoidea, el paludismo, el cólera y la gripe como consecuencia de las todavía deficientes circunstancias sanitarias y nutricionales del país.

Las personas que habrían recibido Covid-19 parecen ser más susceptibles a las infecciones fúngicas mucormicosis y tifus de los matorrales, que se aprovechan de la debilidad del sistema inmunitario. El tifus de los matorrales afecta a cerca de un millón de asiáticos cada año, pero la principal amenaza es la tuberculosis (resistente a los medicamentos), que afecta a 2,8 millones de indios cada año y mata a 435.000.

El número de muertes se dispara tras el inicio de la vacunación, pasando de menos de 100 al día a más de 4500 al día.

Más de 186 millones de indios han sido inmunizados con la vacuna Covid-19 desde enero. A la India le iba bastante bien antes de que comenzara la campaña de vacunación. La media de muertes relacionadas con Covid pasó de estar muy por debajo de 100 en los tres primeros meses de los cierres globales a aproximadamente 1000 en septiembre y octubre de 2020, antes de volver a descender a mucho menos de 100 en enero.

Luego se aplicaron las vacunas, y el número de muertes se disparó a 1500 por día en abril y a casi 4500 en mayo. De hecho, actualmente circulan en la India 3532 variantes de Covid, todas las cuales aparecieron casi inmediatamente después de que se iniciaran las vacunas.

¿Cómo es posible cuando dos tercios de la población ya han desarrollado anticuerpos, según una empresa privada de análisis? En abril, la revista Nature se hizo la misma pregunta. ¿Por qué hoy mueren de repente 45 veces más personas, si las vacunas ya protegían a tanta gente contra el Covid-19? ¿Podría deberse a la potenciación dependiente de anticuerpos (ADE), de la que han advertido varios científicos y expertos, y que podría convertirse en un problema en los Países Bajos en otoño, cuando vuelvan los virus de la corona y otros virus respiratorios?

'Las personas que han sido vacunadas son más susceptibles a las principales enfermedades e infecciones'

'Las vacunas no sólo envenenan el sistema de las personas, haciéndolas más susceptibles a las consecuencias infecciosas (interferencia del virus), sino que también hacen que el sistema inmunitario falle si se vuelve a exponer a las mutaciones del coronavirus 'vivo' (ADE)', dice Mike 'Natural Adams'.

Según Adams, las investigaciones clínicas han indicado que las vacunas Covid-19 hicieron a los receptores más vulnerables a enfermedades más graves. El gran número de pacientes que han experimentado efectos adversos de estas vacunas, como cansancio, fiebre, problemas de cosecha, letargo, parálisis, coágulos de sangre, etc., es una prueba de que inducen enfermedades importantes, debilitando aún más el sistema inmunitario.

Armas biológicas de la autoinmunidad

'Un programa de vacunación generalizado podría fomentar que los coronavirus evolucionen aún más rápido, lo que daría lugar a un mayor cambio de la proteína Spike y, como resultado, a la creación de nuevas variedades. La variedad B.1.617.2 que se está propagando en la India, según los científicos británicos, es un 50% más contagiosa". Por cierto, esto es algo habitual; los virus que cambian siempre se vuelven más contagiosos, pero casi siempre se vuelven menos letales. Sin embargo, gracias a las vacunas, esta vez podría ser diferente, como parece indicar el baño de sangre en la India.

Además, estas vacunas actúan como armas biológicas de enfermedades autoinmunes, incitando al organismo de las personas a fabricar proteínas Spike, que pueden ser liberadas al medio ambiente y conducir a la rápida evolución de partículas de virus infecciosos. Después, los no vacunados están expuestos a una variedad de proteínas Spike de los vacunados. Esto podría explicar por qué el número de muertos en la India se ha disparado repentinamente y por qué los cadáveres aparecen a montones en las orillas del Ganges".

Capítulo 20: ¿Control total?

Los primeros componentes necesarios para transformar a toda la raza humana en tecnoesclavos totales ya se están distribuyendo ampliamente.

Las ondas de radio y los campos magnéticos pueden utilizarse para sensibilizar las células cerebrales y nerviosas: controlar el comportamiento humano en lugares con una radiación determinada se está convirtiendo en una realidad.

Investigadores de Estados Unidos han creado una proteína magnética que puede utilizarse para estimular rápidamente las células cerebrales (y viceversa). Esta novedosa técnica puede utilizarse para regular las áreas del cerebro responsables de comportamientos complicados.

Dado que el desarrollo de la proteína Spike es importante para las vacunas de ARNm contra el coronavirus, es fácil prever que en el futuro este tipo de vacunas incluya otro "programa" que desarrolle una proteína destinada a obtener el control externo de nuestro comportamiento y pensamientos.

La optogenética está siendo eliminada en favor de la quimiogenética.

La optogenética es el enfoque más potente. Se pueden utilizar pulsos de luz láser para activar o desactivar grupos de neuronas asociadas. La quimiogenética es un nuevo enfoque que se ha creado recientemente. Funciona activando proteínas personalizadas con "productos farmacéuticos de diseño" (medicamentos, vacunas) que pueden dirigirse a determinados tipos de células.

El inconveniente de la optogenética es que requiere la introducción de cables de fibra óptica en el cerebro, que sólo pueden penetrar en el tejido de forma limitada. La quimiogenética utiliza reacciones biológicas para activar las células nerviosas en cuestión de segundos. Ya no es necesario "abrir" el cerebro con este nuevo enfoque.

Proyecto magneto

Investigaciones anteriores han demostrado que las proteínas activadas por calor y presión mecánica de las células nerviosas pueden modificarse genéticamente para que respondan a las ondas de radio y los campos magnéticos. Esto se consigue adhiriendo una partícula (para)magnética a ellas, así como cortas secuencias de ADN. Este método ya se ha utilizado para controlar los niveles de glucosa en la sangre de los ratones.

En un experimento de laboratorio, se comprobó que la proteína "Magneto" creada era capaz de ser absorbida por las células renales humanas. La proteína se activó mediante un campo magnético. A continuación, se introdujo "Magneto" en el genoma de un virus, junto con una proteína verde fluorescente y secuencias de

ADN que se dirigen exclusivamente a tipos específicos de neuronas, en una prueba posterior. Después, el virus se introdujo en el cerebro de ratones. Allí se activó Magneto mediante un campo magnético, haciendo que las células (cerebrales) crearan impulsos nerviosos particulares.

Luego les tocó el turno a los ratones que podían moverse libremente. Se inyectó magneto en la región del cerebro que controla la motivación y la recompensa (neuronas dopaminérgicas). A continuación, se separaron los ratones en grupos y se colocaron en una sala en la que algunos estaban expuestos a un campo magnético y otros no.

Se comprobó que los ratones Magneto pasaban mucho más tiempo en la zona magnética porque las neuronas de dopamina de sus cerebros estaban activadas, lo que les daba una sensación de recompensa cuando estaban allí. Esto demostró que un comportamiento complicado puede ser controlado e incluso dirigido mediante el empleo de neuronas Magneto situadas en lo más profundo del cerebro.

Steve Ramírez, neurólogo de Harvard, está extasiado con la nueva estrategia. Este método consiste en un único y hermoso virus que puede inyectarse en cualquier parte del cerebro", afirma el investigador. Para alterar el comportamiento de los animales (¿y más tarde de los humanos?), basta con exponerlos a un campo magnético.

Controlar su comportamiento en una zona afectada por la radiación es cada vez más factible.

Ahora que a los humanos del año 2021 se les inyectan instrucciones genéticas (ARNm) en sus sistemas con el pretexto de "vacunas" para producir una proteína (la proteína Spike), el siguiente paso es añadir OTRAS instrucciones a este tipo de vacunas. En un discurso de 2017, el director de marketing de Moderna describió cómo el ARNm puede utilizarse para editar el ADN de las personas, lo que convierte a las "vacunas" de ARNm en una plataforma a través de la cual se puede programar a los seres humanos.

Y parece que eso es exactamente lo que se va a hacer, con proteínas que cambiarán tu comportamiento cuando estés en una zona con ciertas radiaciones próximas (como el 5G). Hasta que sea un hecho consumado, los principales medios de comunicación no dudarán en llamarlo "teoría de la conspiración" o "desinformación". Protestar entonces carece de sentido, ya que lo más probable es que no puedas o quieras hacerlo debido a esta nueva tecnología.

Por eso, cuando el director general del FEM, Klaus Schwab, declaró el año pasado que en 2030 "no se poseerá nada y se será feliz" (pero quizá mucho antes), hablaba muy en serio. De hecho, estará predispuesto a ser feliz sin importar las circunstancias. Algunas personas parecen estar impacientes por renunciar a su humanidad, a su pensamiento independiente e incluso a su "alma" para convertirse en esclavos del sistema sin voluntad, programados, controlados y gestionados digitalmente.

Capítulo 21: Enmascarar a las ovejas

Los científicos creen que las mascarillas usadas por el público en general suponen un riesgo de infección - Desde hace más de un siglo, todas las experiencias de pandemia han demostrado que las mascarillas no funcionan para combatir los virus y son ineficaces como protección.

Recientemente, los principales medios de comunicación publicaron triunfalmente un estudio que demuestra que las mascarillas son eficaces. Sin embargo, una breve mirada al comitente del estudio lo revela todo: el Instituto Max Planck, que cuenta con un importante apoyo del gobierno alemán y de la Unión Europea. Lo que hoy se considera "ciencia" será, casi con toda seguridad, "el pan que te comes..." en 2020 y 2021.

Como resultado, ya no podemos esperar conclusiones imparciales o críticas de este tipo de investigadores "nosotros los del WC..."; en su lugar, se dejan explotar, al igual que en el pasado, para estampar su aprobación a los programas gubernamentales. De hecho, un reciente y exhaustivo metaestudio alemán concluyó que las mascarillas no sólo son ineficaces, sino también peligrosas para la salud.

Tras una hora de lectura en la página web del Instituto Max Planck, es evidente que los institutos y los científicos vinculados a ellos son como dos manos en un guante cuando se trata de tratar con el gobierno. No hay notas críticas, y no hay un solo estudio que contradiga las afirmaciones de las autoridades ni siquiera mínimamente. También leemos una petición de hacer más para combatir las voces antivacunas, como prohibirlas en Internet, para que sea más "democrático"...

La Inquisición ha vuelto con otro nombre

La Iglesia católica, políticamente poderosa, arrastró a Galileo Galilei ante la Inquisición a principios del siglo XVII porque, al igual que Copérnico en el siglo XVI, afirmaba que la Tierra, al igual que los demás planetas, giraba alrededor del Sol (la cosmovisión heliocéntrica), y que no éramos el centro del universo (la cosmovisión geocéntrica). Para "demostrar" que estaba equivocado, se citaron varios "científicos" y tesis "científicas" y teológicas consagradas. Sólo en 1992 el entonces Papa Juan Pablo II se disculpó y el Vaticano limpió su nombre.

Las mascarillas son ineficaces y (muy) peligrosas para la salud, según un metaestudio.

Sin embargo, todavía hay científicos que no han vendido su alma al diablo. Por ejemplo, un reciente metaestudio alemán confirmó lo que se sabe desde hace más de un siglo: las mascarillas son ineficaces y perjudiciales para la salud. Veintidós de las 44 investigaciones científicas que encontraron efectos perjudiciales sustanciales de las mascarillas se publicaron en 2020, y veintidós de esos estudios se publicaron bajo Covid-19. En total, hubo 31 estudios experimentales y 13 estudios de observación. Las conocidas mascarillas azules y los cubrebocas N95 acapararon el 68% de la atención.

El agotamiento, la confusión y la enfermedad son causados por el aumento de la dificultad respiratoria, la frecuencia cardíaca y la presión arterial.

El uso de tapones bucales quirúrgicos (azules) por parte de trabajadores sanitarios sanos (de 18 a 40 años) provoca efectos físicos mensurables con un aumento de los valores de CO2 transcutáneo (a través de la piel) y cambios significativos en la composición de la sangre después de sólo 30 minutos, según un estudio cruzado aleatorio publicado en 2005. El considerable aumento de CO2 "al respirar de nuevo" provoca un aumento de la resistencia respiratoria, lo que obliga al cuerpo a realizar un esfuerzo cada vez mayor, así como un gran aumento de la frecuencia cardíaca.

Los efectos negativos pueden parecer menores al principio, pero llevar máscaras faciales de forma regular supone una carga física cada vez mayor. Según la advertencia, se prevé que las máscaras faciales tengan efectos relevantes para las enfermedades a largo plazo. La hipertensión arterial, la arteriosclerosis, las enfermedades cardíacas (síndrome metabólico) y las enfermedades neurológicas son sólo algunos de los efectos secundarios inevitables del uso prolongado de mascarillas.

Incluso un pequeño aumento del CO2 en el aire inhalado provoca dolores de cabeza, problemas respiratorios (asma), elevación de la presión arterial y de la frecuencia cardíaca, lo que provoca daños en los vasos sanguíneos y, finalmente, trastornos neuropatológicos y cardiovasculares. Una presión respiratoria ligeramente elevada durante un largo periodo de tiempo tiene un efecto similar. Los niveles elevados de CO2 son especialmente peligrosos para las mujeres embarazadas porque perjudican el riego sanguíneo de la placenta.

Los ataques de pánico, la hiperventilación, las dificultades cognitivas y los dolores de cabeza son síntomas de estrés.

Se ha establecido más allá de toda duda razonable que las mascarillas causan un daño significativo y, a largo plazo, duradero a la salud. El cerebro humano libera muy instantáneamente la hormona del estrés norepinefrina en respuesta a los bajos niveles de oxígeno y al ligero aumento del consumo de CO2. El nivel de CO2 sólo tiene que ser del 5% para producir un ataque de pánico en 15 o 16 minutos, según los experimentos de provocación de la respiración. La concentración habitual de CO2 en el aire exhalado es de alrededor del 4%.

Los tapones bucales están contraindicados para los epilépticos, según neurólogos de Estados Unidos, Reino

117

Unido e Israel, ya que pueden provocar hiperventilación. De hecho, llevar una mascarilla facial puede aumentar la frecuencia respiratoria entre un 15% y un 20%.

El uso de boquillas provocó que el 71,4% de los 343 empleados del sector sanitario de Nueva York experimentaran síntomas físicos reconocidos (enfermedad). Y lo que es peor, el 28% tenía problemas de salud crónicos para los que necesitaba medicación.

En el contexto de Covid-19, se evaluaron en profundidad todas las variedades de mascarillas en 2020. Conclusión: Después de sólo 100 minutos, crean graves problemas de pensamiento y concentración, que se producen directamente por la disminución del contenido de oxígeno en la sangre. Otro estudio descubrió que las mascarillas son directamente responsables de más de la mitad de los dolores de cabeza que sufren los usuarios de mascarillas.

Infecciones y afecciones de la piel

Dado que los tapones bucales cubren las vías respiratorias, la temperatura corporal aumenta y la humedad se incrementa, alterando drásticamente el hábitat natural de la piel. Muchas personas tienen la piel enrojecida, con picores y seca, así como una producción excesiva de sebo (acné). Esto empeora y prolonga los trastornos de la piel, haciendo que las personas sean más susceptibles a las infecciones. Esto se debe a que tanto las mascarillas azules como las N95 permiten que los gérmenes, los hongos y los virus se multipliquen rápidamente tanto dentro como fuera de las mascarillas (que se saturan después de sólo 10-15 minutos y luego ya no funcionan de ninguna manera).

La piel de la cara no está hecha para permanecer oculta durante mucho tiempo. Un gran número de personas experimentará problemas cutáneos indeseables ahora que es necesario hacerlo de todos modos.

Daños psicológicos importantes, especialmente entre los niños

Se han documentado daños psicológicos, además de las numerosas repercusiones físicas y la disminución sustancial de la calidad de vida, ya que incluso las actividades cotidianas habituales, como comer, beber y conversar, se ven muy afectadas. Las máscaras faciales provocan una sensación de pérdida de libertad y autonomía (que bien puede ser el objetivo de la exigencia de llevarlas), lo que puede conducir a una rabia reprimida y a una distracción continua inconsciente, sobre todo porque las máscaras faciales suelen ser impuestas por otras personas.

Las máscaras faciales ponen en peligro derechos humanos básicos como la integridad personal, el derecho a la autodeterminación y la autonomía, además de causar incomodidad y provocar la pérdida de ciertas capacidades psicomotoras, cognitivas y mentales, así como una menor reactividad. Las máscaras faciales son especialmente perjudiciales para los niños, que a menudo experimentan preocupación y tensión a causa de ellas. Muchos jóvenes se sienten mal e infelices, se retraen y participan menos en la vida. (Toda una generación de jóvenes y adolescentes se ha visto así gravemente perjudicada).

Los medios de comunicación, tanto ahora como en el pasado, han desempeñado un papel muy perjudicial.

Los sentimientos depresivos están muy extendidos, y el 50% de los usuarios de la salud bucodental encuestados los experimentan. La preocupación se ve exacerbada por la información frecuentemente exagerada y unilateral de los medios de comunicación. Sólo el 38% de la cobertura mediática de la pandemia de ébola en 2014 contenía datos científicos, y el 42% exageraba (significativamente) el peligro, según una investigación. Un escandaloso 72% de los artículos de los medios de comunicación estaban diseñados para hacer que los espectadores se sintieran peor con respecto a su salud.

Todavía no tenemos cifras concretas, pero creemos que para 2020, sólo el 10% de la cobertura informativa contendrá algún hecho científico, y el 90% exagerará (seriamente) el peligro del coronavirus. Y, con unas pocas excepciones, todos los medios de comunicación principales eran y son culpables de infundir sentimientos de miedo e incertidumbre 24 horas al día, 7 días a la semana.

Las mascarillas son un símbolo de pseudosolidaridad y conformidad".

Según los científicos de uno de los documentos analizados, las mascarillas se han convertido en "un símbolo de conformidad y pseudosolidaridad". La OMS, por ejemplo, hace hincapié exclusivamente en los ostensibles "beneficios" del uso de mascarillas e intenta crear en los usuarios la (falsa) creencia de que están ayudando a combatir un virus.

Conclusión del metaestudio: "Los efectos potencialmente drásticos e indeseables observados en ámbitos multidisciplinares ponen de manifiesto el alcance general de las decisiones globales de introducir mascarillas... Según la bibliografía, existen consecuencias indeseables inequívocas y científicamente probadas para los usuarios de mascarillas, tanto físicas como psicológicas y sociales.'

No hay pruebas científicas de que el virus haya sido erradicado".

Ni la OMS, ni el ECDC (Centro Europeo para la Prevención y el Control de las Enfermedades), ni los institutos nacionales (como el RIVM) han demostrado con datos científicos bien fundados una consecuencia positiva de las mascarillas para la población (en el sentido de una menor propagación del Covid-19)", reza la dura sentencia sobre las mascarillas.

'Las autoridades sanitarias nacionales e internacionales han impuesto a la sociedad sus juicios teóricos sobre las mascarillas, en contra de la norma científicamente establecida de la medicina basada en la evidencia, aunque el uso obligatorio de las mascarillas crea una engañosa sensación de seguridad.'

'Las mascarillas utilizadas por el público en general suponen un riesgo de infección'

Desde el punto de vista de la epidemiología infecciosa, el uso regular de mascarillas expone a los usuarios al peligro de autocontaminación tanto desde el interior como desde el exterior (de las mascarillas), así como a través de las manos contaminadas. Además, el aire exhalado hace que las mascarillas se saturen, permitiendo que las sustancias químicas causantes de infecciones se acumulen en el interior. Esta tendencia puede evidenciarse por el notable aumento de rinovirus en la investigación centinela del RKI (Instituto Nacional Alemán de Salud Pública y Medio Ambiente) a partir de 2020".

'Las mascarillas que usa el público son consideradas un riesgo de infección por los científicos, ya que las normas de higiene estandarizadas en los hospitales no pueden ser seguidas por la sociedad'. Además, el hecho de tener que hablar más alto bajo una mascarilla provoca un aumento de la producción de aerosoles (el efecto de atomización) (que se puede medir hasta 20 metros de distancia, y que automáticamente hace que todo el distanciamiento social sea completamente inútil, ya que las mascarillas se saturan después de sólo 10 o 15 minutos y ya no funcionan. ¿Y quién sustituye su mascarilla cada 10 minutos?).

Las mascarillas no ayudan en ninguna epidemia moderna.

Las mascarillas de uso diario no lograron los resultados esperados en la lucha contra las infecciones víricas durante las pandemias de gripe de 1918-1919, 1957-1958, 1968, 2002, y con el SARS 2004-2005, así como la gripe de 2009 (gripe porcina).

Las experiencias dieron lugar a estudios científicos, que concluyeron en 2009 que el uso diario de mascarillas no tiene un efecto antiviral sustancial. Incluso más tarde, los científicos e institutos determinaron que las mascarillas eran ineficaces para proteger a los usuarios de las infecciones respiratorias virales. Las mascarillas quirúrgicas, incluso cuando se utilizan en los hospitales, carecen de pruebas sólidas de prevención de virus".

'Como siempre, no se han detectado beneficios favorables sobre infecciones o enfermedades en una comparación práctica entre Suecia y Bielorrusia, por un lado, y el resto de Europa, así como Estados Unidos (entre los estados con y sin mascarillas obligatorias).

Capítulo 22: Víctimas de las vacunas

Miles de muertes evitables por culpa de Covid, y miles ya por culpa de las vacunas" - La India detiene la explosión de muertes tras las vacunas de ivermectina e hidroxicloroquina - ¿Podría ocurrir lo mismo aquí con las mismas inmunizaciones si se utilizan estos procedimientos en Estados Unidos?

El profesor Dr. Peter McCullough, una de las autoridades más destacadas del mundo en el tratamiento de Covid-19, acusó al gobierno estadounidense de ocultar "cifras inimaginables" de víctimas de la vacuna en una entrevista.

Este es exactamente el escenario que hemos estado pronosticando durante casi un año: las vacunas producen un enorme número de nuevas víctimas, que luego se atribuyen a una variación de Covid o a alguna otra causa de muerte, como es muy probable que ocurra en, por ejemplo, la India. ¿Podría ser este el caso aquí también, si tales técnicas ya se están utilizando en Estados Unidos para persuadir al mayor número posible de personas a tomar estas "vacunas"?

Ahora estamos siendo controlados por la misma élite de poder (WEF, ONU/OMS, Gavi/Gates, Big Pharma).

Con el sistema de registro de vacunas VAERS en Estados Unidos, el número de muertes por vacunación notificadas se acerca a las 5.000, pasando de un 1% a un máximo del 10% de la cifra real en el pasado. Hasta el 15 de mayo, unas 11.500 personas han resultado heridas en la UE, con más de 630.000 personas heridas a ambos lados del Atlántico y decenas de miles de personas más permanentemente enfermas o incapacitadas. Como el número de víctimas de la vacuna es miles de veces mayor que el de todas las demás vacunas juntas, suele ser necesario un estudio detallado.

Normalmente, un medicamento se retira del mercado después de 50 muertes.

Cualquier nuevo medicamento con cinco muertes inexplicables recibe una advertencia de 'caja negra', y entonces se oye en las noticias que este medicamento puede matarte", explicó McCullough. Y después de 50 muertes, se retira del mercado", dice el autor.

Durante la pandemia de gripe porcina de 1976, Estados Unidos trató de vacunar a 55 millones de personas, pero el esfuerzo se detuvo después de que 25 personas murieran y 500 quedaran lisiadas como consecuencia de la vacuna.

Ahora sucede exactamente lo contrario, tanto en América como en Europa: cuanto más aumenta el número de víctimas, más presión ejercen las autoridades sobre la población para que se vacune. Y todo ello con sustancias que sólo han sido aprobadas provisionalmente, y cuyos productores sólo tendrán que demostrar que son "seguras" dentro de unos años.

'Sería imposible que los médicos de la administración pública certificaran que las muertes no fueron causadas por las vacunas en un período de tiempo tan corto.'

Las cifras son incluso falsificadas a propósito, según el estimado académico. A finales de marzo, se habían producido 2.602 muertes relacionadas con las vacunas en Estados Unidos. La FDA dijo entonces que 1.600 muertes habían sido "investigadas" por médicos anónimos del gobierno, que habían llegado a la conclusión de que ninguna de esas personas había muerto como consecuencia de la vacuna.

Fue inquietante", dijo McCullough. Sabe por su propia experiencia que normalmente se tardan meses en completar una investigación de este tipo, no sólo unos días o semanas. 'He sido presidente y he participado en docenas de juntas de supervisión de la seguridad... y puedo decirles que no hay forma de que médicos desconocidos de la administración pública sin ninguna experiencia con Covid-19 puedan determinar que ninguna de estas muertes se debió a la vacuna'.

En la actualidad mueren muchas más personas.

Dado que históricamente sólo se informa de entre el 1% y el 10% de las muertes por vacunas, tal y como valida

un estudio de Harvard, en realidad morirán muchas más personas de las que aparecen en las estimaciones oficiales, y desde luego no 0.
Dado que históricamente sólo se informa de entre el 1% y el 10% de las muertes por vacunas, tal y como valida un estudio de Harvard, en realidad morirán muchas más personas de las que aparecen en las estimaciones oficiales, y desde luego no 0.

Compárelo con la vacunación contra la gripe. Anualmente, el VAERS informa de entre 20 y 30 muertes, sobre 195 millones de vacunaciones. Con la Covid-19, los EE.UU. ya tenían 2.602 muertes con 77 millones de vacunas, de lejos la cifra más alta de vacunas en toda la historia. A pesar de esto, ni un solo político o periodista establecido en los medios de comunicación exige una investigación independiente. Peor aún, los pocos que lo hacen son inmediatamente estigmatizados y vilipendiados.

Se calcula que el 85% de las vidas perdidas podrían haberse salvado".

El experto de Covid cree que los miles de muertos (unos 16000 en la UE y los EE.UU. a mediados de mayo, seguramente al menos 1000 o 2000 más a estas alturas) y los cientos de miles de enfermos y heridos continuarán indefinidamente. Además, dijo ante el Senado de los Estados Unidos el 19 de noviembre de 2020, que "ahora creemos que hasta el 85% de las vidas perdidas podrían haberse salvado con un régimen multimedicamentoso."

Sin embargo, estos fármacos de eficacia y seguridad demostradas están estrictamente prohibidos en América, Europa y los Países Bajos para aplicarlos a los (presuntos) pacientes de Covid-19. Los médicos de cabecera pueden ser multados con 150.000 euros si recetan Ivermectina.

El gobierno está completamente en la bolsa de Big Pharma y de las instituciones controladas por Bill Gates como la OMS, y ha decidido desde el principio que sólo una vacuna puede traer la "salvación".

La India utiliza la ivermectina y la HCQ para poner fin a la mortalidad.

La India ha comenzado a emplear la ivermectina y la hidroxicloroquina, muy en contra de los intereses de la OMS y de la Gran Farmacia (HCQ). De este modo, el enorme aumento del número de muertes tras la introducción de las vacunas ha llegado a su fin.

Se ha dicho a los principales medios de comunicación que no publiquen ninguna crítica a las vacunas.

Por otro lado, se ha ordenado a todos los medios de comunicación convencionales que presenten estos medicamentos de forma negativa y que no publiquen (casi) ninguna información crítica sobre las vacunas.

Incluso generan a propósito toda la ansiedad posible en Europa a petición del gobierno.

Esta censura flagrante y la corrupción total de los medios de comunicación se enmarca en la Iniciativa de Noticias de Confianza, en la que participan no sólo los gigantes de las redes sociales como Facebook, Google/YouTube y Twitter, sino también las principales agencias de noticias AP, Reuters y AFP, así como la BBC, la CBC, la UER (Unión Europea de Radiodifusión), Microsoft y el Washington Post. Los hechos sobre el lado oscuro de las vacunas experimentales de terapia genética deberían ser calificados como "desinformación peligrosa" por los medios de comunicación dominantes.

Dado que provoca tantas muertes evitables, ¿cómo puede calificarse esto de otra manera que de fascismo médico o incluso de terrorismo médico?

'Si los ciudadanos recibieran 'cualquier tipo de noticia honesta y equilibrada sobre la seguridad', concluyó McCullough, 'simplemente no tomarían esta vacuna'. 'La iniciativa Trusted News es realmente preocupante, porque actualmente estamos experimentando un número récord de muertes, que aumenta cada día.'

El gobierno y la Gran Farmacia tienen una conexión simbiótica.

El reputado médico afirmó que el gobierno y las grandes farmacéuticas mantienen una relación incestuosa, que impide que organizaciones reguladoras como la OMS puedan, quieran o sean capaces de emitir un juicio objetivo. El Instituto Nacional de Salud estadounidense, por ejemplo, es copropietario de la patente de Moderna. Como resultado, el gobierno tiene un incentivo financiero para vender y administrar tantas vacunas como sea posible.

Los pocos médicos, científicos y otros profesionales que hacen caso a su conciencia suelen tener demasiado miedo de hablar por su nombre. Es comprensible, porque de lo contrario desde el año pasado no sólo es inmediatamente el fin de la licencia o el fin de la carrera, pero también se arrastra por el barro y en algunos casos incluso demandado y / o intimidado por el mismo gobierno.

'Nunca descubrimos el verdadero número de víctimas'.

Según una reciente evaluación de 500 residentes de residencias de ancianos llevada a cabo por un médico de Kansas City, 22 ancianos murieron en las 48 horas siguientes a recibir la vacuna de Pfizer. ' No puedo demostrar que la vacuna los mató a todos, pero sí que los mató a todos en 48 horas. Según las directrices, sólo hay que vigilarlos durante 15 minutos, así que nunca llegamos a ver las cifras reales. Es difícil de probar si pasa después de esos 15 minutos... Que Dios nos ayude si la FDA autoriza esto.

Un valiente médico canadiense salió a la luz. El Dr. Charles Hoffe rompió con la prohibición gubernamental de que hablara, diciendo que "la vacuna Moderna ha matado y discapacitado a pacientes".

'Al gobierno nunca le ha interesado tratar a los enfermos'.

Según McCullough, el gobierno tenía poco interés en tratar a los enfermos (con medicamentos), pero en su lugar adoptó rápidamente el programa de la OMS (sólo distanciamiento social, mascarillas, encierros, pruebas y espera de las vacunas).

Describe una estrategia de cuatro pasos en su documento "A Guide for Home-Based Covid-19 Treatment: A Step-by-Step Doctor's Plan That Could Save Your Life" (diciembre de 2020), en el que el pilar más importante, tratar y curar a los pacientes de Covid-19 con medicamentos probados y seguros, ha estado completamente ausente de las políticas públicas. Cree que, como resultado, decenas de miles de personas han muerto innecesariamente sólo en Estados Unidos.

El año pasado, el académico francés Christian Perronne, de larga e ilustre trayectoria, escribió un libro con el provocador título "¿Hay algún error que no hayan cometido?" - Covid-19: El santo matrimonio de la incompetencia y la arrogancia". Según él, si los enfermos de corona hubieran sido tratados desde el principio con zinc, hidroxicloroquina/quercetina, vitaminas C y D y azitromicina (sobre todo como medida preventiva), habría habido pocas muertes y 25.000 franceses (el 80% de los muertos de entonces) seguirían vivos hoy.

Capítulo 23: La humanidad se encoge

La Tierra sigue siendo increíblemente árida: hay pocos indicios de civilización humana visibles desde el espacio. - En Nueva York, todos los habitantes del planeta caben en edificios de una sola planta". - "Tener hijos debería ser, en realidad, un deber de la sociedad", dice un ejecutivo de Tesla centrado en la programación del ARN y el ADN humanos.

Elon Musk, director general de Tesla, es famoso por hacer declaraciones que contradicen la imagen globalista del "Nuevo Orden Mundial". En un discurso reciente, afirmó que nuestro mayor reto en 20 años será la subpoblación, no la superpoblación. Anteriormente dijimos que, en contra de la suposición común, la Tierra tiene espacio, alimentos, energía y riquezas más que suficientes para mantener al menos el triple de personas en una existencia próspera. Tan pronto como sea posible. La verdadera fuente de nuestra mayor preocupación es la élite del poder mundial, que está haciendo todo lo imaginable para eliminar al mayor número posible de personas manteniéndolas empobrecidas, enfermas, hambrientas y, por tanto, controlables.

Quiero subrayar que el mayor problema en 20 años es el colapso de la población, no una explosión". Pone como ejemplo sencillo a alguien que lanza al azar una bomba desde un avión en algún lugar de la Tierra. "¿Con qué frecuencia se golpea a alguien entonces? En

realidad, nunca. Todo tipo de cosas caen a la Tierra desde el espacio todo el tiempo. Meteoritos naturales, partes de cohetes viejos, pero nadie se preocupa por eso".
Tener hijos debería considerarse casi una obligación social".

'Toda la gente del planeta podría caber en un piso de Nueva York'. Los demás pisos son innecesarios". Según Musk, estamos tan dispersos por el mundo que apenas somos visibles desde el espacio. 'Debemos tener cuidado con el colapso de la población'. Una baja tasa de natalidad es un gran peligro'. Advierte que, como resultado, nuestra cultura puede perecer. Esa sería una conclusión deprimente'. La media de edad sería extremadamente alta, y los jóvenes se verían obligados a cuidar de los ancianos como si fueran esclavos'.

Creo que, hasta cierto punto, la gente debe empezar a considerar el tener hijos como una obligación cívica... De lo contrario, la humanidad perecerá. Literalmente. La riqueza, la educación y la religión están inversamente relacionadas con la tasa de natalidad. Cuanto más devota es una persona, más hijos tiene". Será "como si alguien matara a la mitad de la población (futura)" en unas décadas. Hay que cambiar algo".

Debemos abandonar los combustibles fósiles tan pronto como sea posible".

134

Por supuesto, Musk está totalmente comprometido con la misión de "sostenibilidad" verde como creador y productor de coches eléctricos. Se muestra optimista al respecto, ya que considera que China también está a la cabeza en este ámbito, pues ya ha producido la mitad de los vehículos eléctricos del mundo. Cree que el mundo debería abandonar los combustibles fósiles tan pronto como sea posible y apostar por la energía solar, eólica e hidráulica "sostenible", así como por la energía nuclear en algunas situaciones.

El testaferro de Tesla dice que el petróleo, el gas y el carbón se están agotando rápidamente, pero se olvida de que esto se viene gritando desde hace casi 50 años, y que constantemente se descubren nuevas reservas que pueden proporcionar a la humanidad energía barata durante al menos otro siglo, y probablemente incluso muchos siglos.

¿Por qué hay impuestos sobre el CO2?

También sostiene que la sociedad no está pagando el precio total de los combustibles fósiles y las emisiones de CO2. Por ello, aboga por la aplicación de fuertes impuestos globales sobre el CO2.

Aquí también olvida algo importante, a saber, que en una escala de tiempo geológica todavía hay muy poco CO2 en la atmósfera (unas 450 ppm), y eso a pesar de todas las emisiones humanas de CO2 (que sólo es un porcentaje de lejos tras la coma). Además, todas las pruebas geológicas demuestran que los niveles de CO2 sólo aumentan cuando suben las temperaturas, y no al revés, como se ha afirmado durante tanto tiempo. Esta mentira se mantiene para conseguir que la población acepte impuestos cada vez más altos y que se les corte el suministro de energía barata.

Aunque las necesidades energéticas de la humanidad dejaran de aumentar, nuestro planeta no tiene suficiente superficie para construir suficientes molinos de viento y parques solares. Por no hablar de la gigantesca carga de acero y metales raros que se necesitaría, además del hecho de que, especialmente los molinos de viento, tienen una vida útil extremadamente corta (máximo 20 años, la práctica demuestra que los primeros molinos fallan después de unos pocos años. La limpieza de los molinos rotos es también un asunto muy costoso).

El ARN y el ADN sintéticos se utilizan para programar a las personas.

Musk también es un firme partidario del ARN y el ADN programables (sintéticos), que las vacunas Covid-19 ya han inyectado en una gran parte de la población mundial. 'Eso me recuerda a un programa de ordenador'. Si quieres, probablemente puedas detener e invertir el proceso de envejecimiento con él'.

Hemos demostrado que los verdaderos objetivos de la creación de seres humanos "programables" son mucho más siniestros, y parecen estar dirigidos principalmente al control totalitario de la población y del comportamiento, y a la reducción masiva de la población.

Sin embargo, es agradable escuchar por una vez a un alto ejecutivo de renombre que tiene una visión positiva de la humanidad, algo que ciertamente no puede decirse de la secta globalista de la vacuna contra el clima liderada por Klaus Schwab y Bill Gates.

Nuestros otros libros

Consulte nuestros otros libros para ver otras noticias no divulgadas, hechos expuestos y verdades desacreditadas, y mucho más.

Únase al exclusivo Círculo de Medios de Comunicación de Rebel Press.

Todos los viernes recibirás en tu bandeja de entrada nuevas actualizaciones sobre la realidad no denunciada.

Inscríbase hoy aquí:

https://campsite.bio/rebelpressmedia